本专著为湖南省教育规划课题（XJB015BJD020）而的"卓越工艺师"人才培养研究与实践的研究成果

服务装备制造业"走出去"职业教育人才培养模式创新与实践

董建国　著

中国水利水电出版社
www.waterpub.com.cn

·北　京·

内 容 提 要

　　本书论述了装备制造业的全球化发展现状和趋势,对装备制造业国际化人才内涵特征、培养现状、人才需求与培养策略进行了分析,从卓越师资要求与现状入手阐述了服务装备制造业的高职国际化教师培养策略,从装备制造业国际化技术技能人才需求实时传感体系构建、人才培养途径创新、人才课程体系构建等方面提出了装备制造业国际化技术技能人才的培养模式。

图书在版编目（ＣＩＰ）数据

　　服务装备制造业"走出去"职业教育人才培养模式创新与实践 ／ 董建国著. -- 北京：中国水利水电出版社,2018.4 （2024.1重印）
　　ISBN 978-7-5170-6415-2

　　Ⅰ．①服… Ⅱ．①董… Ⅲ．①制造工业－职业教育－人才培养－培养模式－研究－中国 Ⅳ．①F426.4

　　中国版本图书馆CIP数据核字(2018)第073906号

策划编辑：雷顺加　　责任编辑：宋俊娥

书　　　名	服务装备制造业"走出去"职业教育人才培养模式创新与实践 FUWU ZHUANGBEI ZHIZAOYE ZOUCHUQU ZHIYE JIAOYU RENCAI PEIYANG MOSHI CHUANGXIN YU SHIJIAN	
作　　　者	董建国　著	
出版发行	中国水利水电出版社	
	（北京市海淀区玉渊潭南路 1 号 D 座　　100038）	
	网址：www.waterpub.com.cn	
	E-mail：sales@waterpub.com.cn	
	电话：（010）68367658（营销中心）	
经　　　售	北京科水图书销售中心（零售）	
	电话：（010）88383994、63202643、68545874	
	全国各地新华书店和相关出版物销售网点	
排　　　版	北京智博尚书文化传媒有限公司	
印　　　刷	北京建宏印刷有限公司	
规　　　格	170mm×240mm　16 开本　14.75 印张　210 千字	
版　　　次	2018 年 4 月第 1 版　　2024 年 1 月第 2 次印刷	
印　　　数	0001－2000 册	
定　　　价	70.00 元	

　　凡购买我社图书，如有缺页、倒页、脱页的，本社营销中心负责调换

序

放眼国际，装备制造业的发展趋势体现出智能化、信息化、绿色化、服务化、全球化的特点。中国装备制造业"走出去"已经成为一种趋势与必然，服务中国装备制造业"走出去"的国际化人才培养成为高等教育包括职业教育的当务之急，产教协同升级发展成为重中之重。国务院《关于加快发展现代职业教育的决定》中指出要"推动与中国企业和产品'走出去'相配套的职业教育发展模式，注重培养符合中国企业海外生产经营需求的本土化人才，积极参与制定职业教育国际标准，开发与国际先进标准对接的专业标准和课程体系"；《中国制造 2025》提出人才为本是核心要素，强调增强我国在全球化格局中的国际分工，培养全球视野的人才显得极为重要；教育部在《推进共建"一带一路"教育行动》中鼓励中国优质职业教育配合高铁、电信运营等行业企业走出去，探索开展多种形式的境外合作办学，合作设立职业院校、培训中心，合作开发教学资源和项目，开展多层次职业教育和培训，培养当地急需的各类"一带一路"建设者。

本书围绕装备制造业"走出去"的国际化人才培养及产教协同升级发展，具体回应了三个问题：一是职业教育培养的技术技能人才能力素质与装备制造业"走出去"人才需求变化不同步；二是职业教育技术技能人才培养课程体系与装备制造业"走出去"人才培养目标不匹配；三是职业教育技术技能人才培养途径不能满足装备制造业"走出去"的多样化需求。针对这三个问题，经过团队的研究与实践，确定与优化了解决上述问题的主要方法。

本研究的主要成果包括：一是构建了"一平台，三机制"人才能力需求传感体系，建立了"三维度、六指标"的国际化技术技能人才能力素质模型，实现了人才培养与企业需求变化的同步；二是坚持"三不断线"原则，构建了

"分层递进+柔性嵌入"的课程体系，解决了课程体系与培养目标不匹配的问题；三是遵循"目标引领"原则，建立了"多联动、跨时空"人才培养模式，满足了装备制造业"走出去"的多样化需求。本书在以下四个方面具有创新：一是打造利益共同体，形成了多主体长效合作办学机制；二是构建了"三维度、六指标"人才能力素质模型，为国际化技术技能人才培养提供了可操作的框架；三是着眼个性化需求，构建了"分层递进+柔性嵌入"的课程体系；四是紧扣"走出去"战略，构建了"多联动、跨时空"的装备制造业国际化技术技能人才培养模式。

本研究成果在形成和推广的过程中，与 20 家"走出去"大型企业开设了国际化人才订单班、境外培训基地，培训量达到 5 万余人次；服务了 150 家企业海外业务的快速扩张；带动 15 家中小企业开拓了国际业务；与"一带一路"沿线国家的 8 所学校进行境外合作办学，为我国装备制造业"走出去"提供了大量技术技能人才保障；在国内 16 所职业院校中进行了教育教学改革推广，惠及师生 3 万余人。相关研究成果在"中国教育报""中国青年报""光明日报""湖南日报""湖南教育电视台"等 17 家媒体中进行了报道。

随着装备制造业"走出去"人才需求愈加迫切，对产教协同升级发展的要求越来越高，相信本研究将进一步得到行业、企业及职业院校的认可和推行。同时，也希望课题组成员进一步深化和完善本研究成果：在研究内容上，进一步探索产教协同人才培养升级方法，细化产教协同人才培养升级标准，完善产教协同人才培养升级模式，使理论与实践结合得更为紧密；在研究视野上，由国内研究走向国际研究，以便该成果能得到更好的推广，产生更大的影响。

全国机械职业教育教学指导委员会

主任 陈晓明

2018 年 3 月

目　录

第一章　装备制造业的全球化发展现状和趋势

一、装备制造业的全球化发展现状

当前，世界上各个国家与地区以及其他的组织并没有对装备制造业进行完整的定义。我国的装备制造业主要区分于一般的加工制造业。欧洲国家一般意义上的"资本货物制造业"，即代表着相关的装备制造化。而一般意义上的"生产资料的行业"也属于对应的装备制造业。参考《国民经济行业分类》（GB/4754—2011）的相关内容，在整体的装备制造业体系内包括七个基本分类，以及多达 186 个细分行业，如金属制品、仪器仪表以及通信设备等均归属于该行业。我国对于装备制造业的分类有多种分类方法，如八分类法、七分类法和六分类法等。

（一）装备制造业的国内外发展现状概述

装备制造业是现阶段国际社会在大力发展新型工业化进程中出现的占主导作用的重要产业，具有相当明显的产业发展特征，如高技术含量、高产业关联度、明显的规模经济效应等。自工业革命以来，当前的技术有着极为快速的成长，新时代的信息革命，尤其是各种新技术的不断发展，使得全球变成联合日益紧密的主体。装备制造业在新的全球化日益推进的背景之中，全球化战略逐渐演变为指引各个国家占据更为庞大的全球市场的首要策略，并呈现出集群化、信息化、服务化的发展趋势。信息改革带来的网络技术正在影响着方方面面，同样改变了制造业尤其是装备制造业的生产和流通方式，加速了制造业的全球化进程。由网络技术带动的电子商务和 IT 技术则从根本上改变了装备制造业的生产与消费方式，并在一定程度上影响到了销售，从而在贸易领域引起了巨大变化。装备制造业的经济全球化，使制造业的资源配置由一国的范围扩大到全球的范围。

装备制造业作为工业体系的"母机"，作为整体制造体系最为关键的构成要素之一，担负着为国民经济各个行业以及国防建设提供技术支持的关键任务，而该行业的技术一方面会影响相关产业的竞争，同时也会对国民经济运行的综合质量以及效益构成显著的影响。依托于强大的装备制造业，自然资源较少的发达国家能够在复杂的世界竞争中占据主动，而缺乏装备制造业支撑的欠发达国家，则只能廉价地出售自然资源，连自身的基本主权也很难获得有效的保障，因此装备制造业当之无愧地被称为国家脊梁[1]。发达国家非常重视装备制造业在国内的作用和在国际上的竞争力。我国尚处在工业化中期，工业化与信息化要同步推进，更应该把装备制造业的发展摆在极为重要的地位，这已成为国内各个方面的共识。装备制造业的综合规模以及创新水平已成为衡量国家整体实力以及现代化体系的关键标志[2]。

1. 国内现状

我国制造业的发展历程脉络清晰。时至今日，我国装备制造业已取得相当成就，从有到无，从单一到复杂，从仿制普通机械产品到自行设计制造高端大型成套设备，研发出多个在国际社会上能处于一流地位的技术，拥有了一大批具有自主知识产权的主导产品和关键技术，发展为类别相对较为完善的生产以及技术系统，逐渐成为全球顶尖的装备制造业大国之一。21 世纪，我国装备制造业的产业规模、经济效益和国际国内市场占有率都出现了前所未有的增长，我国完成了从装备制造业大国之一到世界第一装备制造业大国的地位转换；与此同时，产业的高增长带动了结构升级，产业结构调整也出现了明显的提速，不仅一些领域的高端产品比重持续提高，而且一直是行业"短板"的关键基础零部件和关键材料的突破性创新近几年也开始不断涌现；在国际国内市场上，我国大型机械装备企业迅速崛起，在竞争中占据越来越重要的地位[3]。"十五"（2001—2005年）和"十一五"（2006—2010年）时期是我国装备制造业高速增长的10年，这两个时期装备制造业的总产值年均增长率分别达23.71%和28.05%[4]。

2．国外现状

国际上，主要大国也非常重视装备制造业。从区域来看，装备制造业主要分布在美国、日本、中国、德国、韩国、法国[5]。在发达国家，尽管制造业的比重相对下降，但仍然十分重视制造业的发展。强大的制造业可以说是处于国家赖以生存的基础地位之上，装备制造业是世界发达国家所强调的国际竞争力的基础，是一切国家安全、经济发展、人民安居乐业的重要基础。美国等发达大国，在短短数百年的历史中突出重围，经济地位提高，发展成效显著，综合国力强大，世界地位较高，这一切都离不开现代经济战略，其中，最重要的就是拥有世界一流的装备制造业。在美国的发展过程中，不仅在实现工业化的进程中主要依赖先进和强大的装备制造业，在进入工业化成熟阶段后仍视装备制造业为工业的主导与生命，而且即使进入了信息化社会仍将其作为主要的国防竞争手段。美国总统特朗普竞选之初便提出"将工作带回美国"，他十分重视装备制造业的发展，认为其能提供更多就业机会。

（二）装备制造业在全球化语境下的发展现状

全球化是近年来经济领域的焦点问题之一。全球化从直观的角度来分析，属于生产以及消费体系的全球化。生产全球化涉及资源要素，消费全球化则与产品、消费人群及服务市场有关。伴随交通运输方式的改进、通信媒介的进步、信息技术引导的改革，正是在这样的环境下跨国公司得以在全球范围内优化资源配置，用最优途径、最快方案进行各类生产和协调生产、销售活动,从而发展自身。装备制造业成为跨国公司经济策略中的重要一环。众所周知,信息与大众媒介传播的发展,以及国家与地区间人类交往频繁程度的增加,促使人们消费倾向的大类趋同。尤其是装备制造业与一般加工业有所区分,装备制造业的全球化发展可以说是经济全球化语境下的必然选择。随着市场经济体制在全球的发展,各个国家向着开放和技术快速发展的方向推进。这意味着贸易全球化、投资全球化、金融全球化和跨国公司生产经营全球化,并体现在资本、生产要素等的自由配置上。在经济全球化浪潮下,装备制造业不可避免地被卷入到资源配置的洪流中。经济全球化浅层次阶段主要体现在产品市场的全球化,表现在主要是追求贸易依存度,即提高进出口占国民生产总值的比例;深层次的全球化是指要素配置的一体化,这主要是从国际市场体系,特别是资本市场和外国直接投资的渗透以及跨国公司在全球范围内的资源配置引起的[6]。

1. 经济全球化对装备制造业的影响

经济全球化趋势的全面深化和国际产业结构调整与转移,给装备制造业在多层次、多领域、高起点上寻求发展提供了机会,有利于主动地、有选择地承接发达国家的产业转移,进行合作,迅速吸收掌握国外先进制造技术和管理经验,推动装备制造业的升级。同时,经济全球化在生产和消费上的特征使得全球快速建立出一个开放性的市场,这种开放趋势促使各行各业发生改变,具体到装备制造业市场体现出多样化、分散化和个性化的特征。全球装备制造业的转型以及潜在的市场需求,使得整体产业有了较大的发展空间,并趋向于多层次、高起点。这使得世界上大多数国家的装备制造业面临新的情况,同时也带来了发展的机遇。抓紧这一时机,快速发展装备制造业,打造高精尖端技术,利用外资,引进先进技术和设备,发展国际经济技术合作,扩大装备制造业产品出口,创造外资与内资双赢的环境。

经济的全球化趋势使得世界各国之间的经济依存度日益提高,国际贸易大幅度增长。正如"经济全球化是一把双刃剑",一方面,全球化带来产业转移，发达国家人口数量少，第三产业发展形式良好，劳动力成本呈显著上涨状态，在这种情况下传统产业逐渐向发展中国家转移，从而谋求中间差价和发展高科技、金融、服务行业。在进行同等投入的条件下，科技、金融、服务行业比传统制造业的收益可能更高，甚至带来预想不到的政治格局转变；另一方面，发展中国家利用本国人口优势，政府在环保、税收政策上的优待，吸引外国装备制造业，承接外国的资本生产要素转移，同时将本国的工业能力制成成本低廉的商品，外销欧美经济发达国家，扣除运费以后的盈利，形成原始积累，随后日渐发展进步，甚至还有能力与经济发达国家竞争。然而，2008 年席卷全球的金融危机之后，发达国家随之而发起一轮新的工业革命，全球范围内的分工以及合作迈入到新的发展阶段，贸易保护主义的影响不断增加，依靠环保、安全以及关税等方式形成贸易壁垒，打压他国产品，以保护本国生产制造产业。与此同时，发达国家中有着经济和技术能力充足的跨国企业，依托于自身的技术、品牌以及资本等方面的优势，进一步加大对其他国家的渗透以及入侵，挤压其他国家传统装备制造业企业的发展空间。在掣肘他国生产时，"打进"他国市场，以小部分的生产要素转移谋求更大的发展空间。随着当前制造业体系的高速增长，以及相关生产类企业的不断发展，我国的市场饱和度持续增加，相关的外资以及尖端公司的进入导致其中的竞争也更加激烈。在此形式下，我国做出了积极的应对。2008 年全球金融危机爆发后，国内的装备制造业获得了全新的发展机遇，也就是依靠并购境外拥有相关战略资产的企业，从而加速国内企业的产业升级。在较长一段时间内，中国针对境外投资管理的重点有两方面，其一为依靠"走出去"竞争，从而发展具备良好竞争力的公司；其二为满足我国经济发展的客观需求[7]。金融危机在带来显著冲击的情况下，也给中国企业带来了非常重要的发展机遇，国内的企业，尤其是相关的民营企业不断开展并购活动，有益于国内产业升级。到 2012 年，民营企业的对外投资占到了对外投资总额的一半，在当前体制下，国内民营企业迎来了全新的发展机遇。

受经济全球化的影响，发展中国家的工业化，在1950年至1980年和八十年代以后这两个时期，存在着根本性的差异。1950年至1980年期间，工业化主要依靠自然资源以及廉价的劳动力，出口低技术含量制造业产品，稳步提升制造业的发展水准[8]；到了80年代，因为各种技术以及材料的不断发展，制造业工艺流程发生了显著的变化，全球范围内的技术以及资本密集型的不断发展以及扩大，使得发展中国家的贸易环境存在一定的恶化趋势。工业化的发展方式也存在着巨大的变化。发展中国家以自然资源以及廉价劳动力作为基础的优势很难继续保持竞争力，迫切需要新的竞争优势。可以发展为新竞争力的主要元素，包括企业家自身素质、创新能力、技术水准和市场洞悉力等多个要素的复合影响，使得其和原本的各项优势进行整合，才能发展为新的竞争优势。

2. 国际装备制造业全球化发展特征

（1）跨国公司成为装备制造业转移的主要力量

跨国公司是指由两个或更多国家的经济实体构成，参与相关的生产、销售以及相关经营活动的国际大型企业，其主要指发达资本主义国家的垄断企业，以本国为基地，通过对外投资，设立分公司，从事国家与国家之间的经济交流活动。跨国公司最早出现在16世纪，发展于19世纪70年代之后，现已成为世界经济国际化和全球化发展的重要内容和主要推动力。跨国企业的基本特征为：①以实力雄厚的大型企业作为主体，同时在很多国家建立子公司以及分公司；②存在完善的决策系统以及决策中心，各个子公司或者分公司的决策必须服从最高的决策中心；③以全球战略为基础规划和决策公司的经营，在全球范围内探寻相关的市场以及布局，以此实现利益最大化；④在全球范围内有着相对更强的竞争力；⑤在某一领域或行业具有一定的垄断性。随着制造业全球化的持续发展，全球化战略演变为各个跨国制造业企业抢占全球市场的首要策略。特别是在全球大型企业的生产制造竞争中，逐步分化出基于本土生产经营的全球分销运营模式[9]。

　　装备制造业资本规模大，只有经济实力雄厚、管理水平卓越、技术手段高的跨国公司才能涉及到将全球配置资源加以利用，成为开拓市场的优势，向其他国家和地区转移产业。在经济全球化的背景下，装备制造业正在成为跨国公司新一轮产业大转移的重中之重，发达国家向发展中国家大规模转移装备制造业的进程大大加快。当前的全球价值链是由国际跨国公司主导的垂直生产体系，装备制造业也只能在全球价值链的主导体系中发展[10]。发展中国家只能依靠人口数量的优势、劳动力资源丰富且廉价、政策吸引以及规模效应来挤进全球价值链。在全球价值链上的竞争有两种主要的表现形式：其一，在单一跨国公司的价值链上由底端向顶端的竞争；其二，归属于各个不同的跨国公司的价值链系统，价值链之间实现竞争。跨国公司在装备制造业的经营过程中，向外转移地传播高端技术的可能性微乎其微，且十分有限。关键技术、核心零部件的制造、成套的设备、精密的仪器设备都将留在原地区，继续为该地区服务，成为跨国公司掌控的关键要素，甚至以此来吸引发展中国家。跨国公司依托于全球资源并实现其战略规划布局，进行相关的重组以及改建工作，着重优化研发、采购、生产、销售以及售后服务等各个环节，进而发展为具有全球化特征的完整产业链。掌握其中的关键技术、核心零部件的制造、成套的设备、精密的仪器设备，强化管理工作，实现属地掌握核心的竞争力，开拓市场，投入研发以适应市场的需求。在全球化趋势以及创新的推动之下，生产、研发、资本运作、营销以及服务等都有在全球范围内分工的发展趋势。跨国企业实施"控制两端，放开中间"发展策略，以总部来控制基本的设计理念以及核心关键技术，而在世界范围内推进零部件加工以及建立营销网络体系，实现针对性的宣传以及服务，从而达到控制成本和追求利益最大化。但唯有具有雄厚实力的跨国公司方才可以推进全球化，利用全球配置的资源来开拓全球市场。美、日、德等各个国家高度关注大型公司的发展，培育大型的企业集团，通过为其采取配套的扶持策略，带动产业的发展，甚至有些跨国集团在某种程度上充当了政府的代言人，扮演了更多的角色[11]。

发展中国家倾向于寻找外资生产性服务业企业为其提供服务，进而形成"外资制造—外资服务"循环圈。在这个循环中，外资企业对内资同行的知识外溢、示范效应相对较弱。一些跨国制造业企业总部的入驻外地，有效带动了该地区第三产业的发展，跨国企业尤其是跨国装备制造业的转移，必然会带来发展中国家就业市场的增长，不过需要指出的是，跨国企业所创造的就业机会不能完全解决现有失业人员的再就业问题。

（2）高端装备制造业日益兴盛

高端装备制造产业是指装备制造业的高端领域，其中，高端主要表现在以下三个方面：第一，高附加值。第二，技术含量高，含有高端知识，来自多学科、多领域的知识的高精尖技术的应用。第三，占据核心，高端装备制造业的发展是核心竞争力提升的表现[12]。传统的装备制造业需要以相关传统工艺作为基础，技术含量不高，劳动效率相对较低，劳动强度较大，多数属于劳动力密集型以及资金密集型的产业；高端装备制造业则以新技术以及新装备作为基础，具有更大的的竞争优势，有着较强的竞争力[13]。传统装备制造业和高端装备制造业的差异也体现在这里。高端装备制造业的全球化发展趋势加快，随着信息网络技术和世界经济一体化的发展，工业发达国家高端装备制造业的重点放在研发和掌握核心技术上，而将一般零部件扩散到有成本优势的地区生产，高端装备制造业已经突破了原有的车间、企业、社会以及国家的限制。将低端制造业转移出去，将中高端装备制造业引进来，是发展中国家冲破产业瓶颈的一个方向。随着中国、韩国等亚洲国家与产业竞争力强的发达国家在制造业上的差距不断缩小，高端装备制造业全球化竞争将日益加剧。在国际化合作与竞争的矛盾博弈过程中，新兴国家庞大的市场需求和较大的产业规模将促使发达国家逐渐扩大高端装备制造业的布局全球化。发展中国家大力发展和培育高端装备制造业，是提升综合产业竞争力和提升核心竞争力的客观需求，是在未来经济以及技术竞争中占据优势的必然选择，对加速整体转型工作的推进，实现从制造大国发展为制造强国具有重大意义。国际装备制造业转移结构的高度化和知识化趋势明显加强，呈现由轻型装备业为主向重型装备制造业、进而向新型装备制造业为主，由资本密集型装备制造业为主向高附加值、技术知识密集型设备制造业为主的转变倾向。工信部、国家发改委以及财政部在2012年下发《关于印发<高端装备制造业"十二五"发展规划>的通知》，通知中阐明，目前的全球竞争发生了显著的变革以及调整。加速建设新时代的装备制造业，一方面属于发展国际竞争优势、占据竞争主动权的客观需求，同时也是调整现有的经济建设发展方式，加速产业升级的内在需求。以全球的角度来分析，金融危机使得相关的发达国家将更多的精力投入到实体经济的建设发展，进一步得出"再工业化"、新能源以及智慧地球等新的建设策略，聚焦高端装备制造业以及新兴产业的发展，致力于提升自身的综合竞争力，形成竞争优势。

（3）收购兼并成为装备制造业全球发展的重要形式

技术创新迫使相关的大型公司在技术层面上进行联合，以形成强大的技术创新能力，实现较为理想的创新素养。而战略合作使得整体产业的资源架构也发生了巨大的变化，随之产生新的协作性竞争。从近两百年企业发展的历史来看，企业发展的历史其实是一部资本扩张的历史。收购兼并国外企业时间短、见效快，同时能充分利用被并购企业现有的市场、技术、品牌和人才等多种资源，成为除对外直接投资以外，国际装备制造业投资和产业转移的又一重要途径[14]。制造业企业通过收购分销商企业，扩大自己产品的销售能力。在一些新兴的行业，企业为了能迅速发展和扩张，积极推行兼并收购战略，增强公司的市场控制能力和获得相关特殊资源，例如，在劳动力成本比较低的地方收购制造业，可以降低生产成本，绕过政府间壁垒。跨国并购可以有效地绕过其他国家或政府的管制壁垒，在新兴市场使用新技术可以使跨国公司获得新市场，并获得较大的市场占有率。近几年来，外商投资由改革开放初期的合资合作逐步转向兼并收购制造业中的龙头企业，或者直接在华开办独资企业，辅以设立相关"研发中心"等，这一现象对我国经济发展、经济安全等多方面有利有弊，值得高度关注。

（4）装备制造业技术竞争背后的国际化高端人才培养

装备制造业的技术基础以及制造程序较为复杂，整体的生产周期长。发达国家依托于自身的技术积累，将技术含量较低的程序进行转移处理，而将高技术的重要环节存留于自身的管辖范围内，技术创新慢慢地发展为产业升级的重要推动力。各个发达国家不断提升自身的研发投资力度，以此来带动核心技术的创新以及成长。美国依托于税收优惠等多个方面的政策扶持，从而带动装备制造基地体系的创新以及发展。依靠科技导向的政策指引，从而使得社会以及相关资本为技术创新投入更多的资源和精力[15]。

技术的竞争归根到底是人才的竞争，没有人才做保证，技术的发展是不可能实现的。"世界工厂"是以制造工业为基础的。我国目前制造业发展迅速，但也面临许多实际问题，如工业产值占世界份额偏低、企业规模偏小、产业发展不均衡、核心技术缺乏、技术创新能力低等，这也是我国尚不能成为真正意义上的"世界工厂"的表征，但最根本的原因是我国还没有形成一支能支撑"世界工厂"良性运转的高素质的产业大军。应加强装备制造业人才队伍的培养、使用和引进，提高人才素质，科技以人为本，科研人员是技术创新的主体[16]。根据目前的发展状况来分析，人才慢慢的演变为后续产业增长的关键动力，若想要在世界竞争体系内占据充足的优势，需要有强大的科技后盾，而人才则是支撑和保障。而现阶段，我国呈现出高端技术人员外流的趋势，在加速培养国际化高端人才的同时，需做好相应的对策留住高端人才。世界制造业人才竞争加剧，发展先进制造业需要多方面、多层次的高素质人才，既需要大批高级设计和管理人才，也需要大量能工巧匠，更需要在长期的生产过程中积累了丰富操作经验的高级技工。

（5）装备制造业呈现转移趋势

跨国转移并非个别公司的活动，而属于多个国家的产业架构的调整。

造成跨国转移的影响要素较为复杂，包括区位、技术、政策以及压力等多个方面。整体趋势为发达国家向周边进行转移，实现有效的辐射以及扩散。以传统制造业体系来分析，因为发达国家的人力价格不断上涨，导致其缺乏基本的成本优势，进而选择将劳动力密集型的部分产业转移到各个欠发达国家，以此来控制综合的劳动力成本，实现更为理想的竞争力，以欠发达国家作为加工基地，总部负责技术以及统筹。而且因为发达国家有着较大的环保压力，尤其需要转移重污染的产业。同时因为制造业的利润呈递减特征，以及知识密集型服务方面的利润呈增加的特征，使得相关企业将自身的发展重点从最初的制造工作，调整为利益更为丰厚的服务工作[17]。

（三）装备制造业全球化发展的机遇与挑战

各个国家在开放活动中有着各式各样的选择，但在 21 世纪，并非单纯地加入经济全球化，而是如何投入经济全球化，才可以为经济体系的增长提供更多的助力。全球化影响现有的经济发展和工业化，中国的改革开放正是在这样的背景下开始的。我国选择了参与经济全球化的战略，这个选择对于全球化产生了巨大的影响。就装备制造业而言，经济全球化的到来，促使装备制造产业更快地向全球一体化迈进，经济全球化对发展中国家的工业化产生实质性影响。

2015 年以来，中国制造业面临发达国家和发展中国家"前后夹击"的双重挑战：一方面，东南亚国家在中低端制造业发力，凭借更康价的劳动力吸引中国本土企业在东南亚建厂以及在华外资企业转移产能；另一方面，中国制造成本快速上升，迫使在华外资高端制造业回流发达国家。伴随当前整体产业的回暖，以及世界金融体系的进一步发展，使得我国的这一行业获得了较好的发展机遇[18]。而在目前的环境中，一方面需要有效开发现有的资源优势，同时响应"一带一路"倡议以及"走出去"的国家战略，有效地把握好当前全球制造业的转移时机，致力于提升我国这一产业的综合竞争力，以此来保障中国企业在世界市场获得更多的份额，带动综合产业实力实现质的飞越[19]。装备制造业作为技术以及信息化的主要产业，可依靠最新技术来改革传统产业，保障国家经济以及军事体系安全、稳定发展。而伴随这一产业在中国的长期建设，以及整体影响力的日趋提升，其对于经济建设所产生的积极效应也更加显著。整体产业的快速发展一方面获得了外在的劳动力资源，也为中国的务工人员创造了较多的就业机会，同时推动传统产业的转型升级和经济增长，促进科技成果转化为生产力，保障国家安全。

伴随当前世界经济体系的不断复苏以及发展，发展中国家立志将装备制造业塑造为经济体系的支柱力量，并成为全球竞争体系的可靠支撑。装备制造业通过积极引进国外的先进技术，快速地发展为经济体系的新支柱，并在经济系统中起到了巨大的影响力，同时也对于世界市场的竞争产生了巨大的助推力。近年来，装备制造业的全球化趋势日益明显，跨国装备制造业公司开始在全球范围内寻求成本更加低廉的生产基地。而一些发展中国家由于技术人员数量充足、普通劳动力成本低、市场环境可开发性强，比较优势明显，因而能够承接更多发达国家装备制造业的转移。装备制造业还能帮助国家抓住国防产业结构调整的机遇，积极地、有选择地承接发达国家的产业转移。

发展装备制造业将具有重大意义：可以学习国外先进的制造技术和管理经验。让外商投资办厂，通过较短的时间的学习，掌握他们先进的制造技术和管理经验，将自身纳入到全球制造体系中，成为与国际接轨的一条便捷的通道；缓解就业压力，促进经济发展；承接国外产业转移，带来丰厚的收益，积累资金，促进地方经济发展，增加国家税收[20]。

在装备制造业全球化发展的背景下，我国振兴装备制造业的挑战与机遇并存，尤其是机器人产业发展水平与日本、欧美相比，仍有较大差距，自主品牌和技术含量有待提升，产业化发展方向有待加强等[21]。

二、装备制造业的全球化发展趋势

（一）国际装备制造业的发展趋势

1. 智能化

1970 年之后，在互联网和信息科技不断发展的背景下，传统装备制造业在产业升级上呈现出新的特点。在生产模式上，智能制造逐渐替代了传统的制造方式，在这一过程中，传统的生产技术和工具开始通过信息技术和互联网呈现出更加高效的特点，智能化在生产过程、项目管理和质量检验等过程中发挥更大作用。由于劳动力成本趋高，创新创业政策和生产现代化技术的不断推行，智能化的装备制造成为传统制造业的发展新机遇。具体而言，装备制造技术主要呈现出信息科技驱动下的两种发展模式：一是传统制造技术效率的提升；二是在计算机和自动化技术下智能化制造的新发展。20 世纪 80 年代以来，传统制造行业在技术更新和产业变革的驱动下取得了一定发展，但仍有很多问题。在计算机技术与先进制造技术对产品的品质和创意有更高要求的背景下，传统的生产制造模式已经难以成为现代制造的理想模式，在传统装备制造技术之上，不断结合现代信息科技和人工智能技术，通过智能化的手段和方式提升生产过程的效率，从而促进企业在产业变革中获得新的竞争优势，是未来装备制造业管理者和经营者需要不断努力的方向[22]。

在新一代信息科技不断发展和产业升级的背景下，顶尖的信息通信科技、人工智能技术和传统制造业的协同与融合创新成为新的行业走向，在国外的国家政策中，德国的工业 4.0 政策、美国的工业互联网政策、法国的新工业政策等，都在指向全新的智能装备制造领域。智能制造这一领域已经成为未来传统制造业的发展趋势，其本质是以智能化为基础，在智能工具的作用下将传统的制造模块进行智能化的升级改造，打造出诸如智能工厂、智能车间、智能管理、智能服务等新的制造模块，最终为生产智能化的产品服务。智能制造的数据整合、内部通信和管理都是在信息物理系统（CPS）的基础上进行的。CPS 系统能够实现人、机、物多方交互和即时沟通，从而将智能化设备与制造过程结合起来，既能够实现信息物流系统与多元交互系统的及时传达和动态化的管理过程，又可以促进生产环节的精准化控制，使生产能力得到大大提升。这样的生产模式能够表现出传统制造不具备的能力，例如 CPS 可以在批量化定制模式下对客户的个性化需求进行生产，每一个生产环节都能对接智能化模块，并在智能化管理的过程中对于具体产品的个性化生产需求进行管理。由此可见，智能装备制造在进一步提高装备制造业生产力、促进柔性化个性化生产、提升生产质量、降低生产成本等方面均具有优势。因此，装备制造业亟待进行智能化的变革，智能装备制造或将在制造业转型中扮演革命性角色。

2. 信息化

互联网、大数据、云计算和多媒体等新兴的网络技术成为信息科技与制造业融合的全新信息化工具，也使得生产信息的框架更加完整。生产信息化技术能够在具体的用户需求基础上进行资源的获取，并在整合化的客户需求中对个性化需求信息进行重分类，在产品的设计创意和功能上实现仿真，从而完成拟合与完善，于是在较短的时间内完成客户个性化需求的产品制造成为可能。20 世纪 90 年代，信息科技开始与制造业产生初步的融合，装备制造业在生产信息化的推动下迎来了前所未有的发展。如今在 CAD／CAM 大规模覆盖、100%数字化设计不断成熟、无图纸生产技术成为众多企业的生产"标配"的背景下，信息化技术更将发挥巨大威力。生产制造过程中的一些技术，例如快速成型、并联机构机床、多功能机床、机器人化机床等在信息化与制造技术融合上体现了深入创新的特点。在我国的制造业变革中，信息化制造的相关技术，例如 CAD／CAPP／CAM／NET／CAE 为主体的技术以及数控技术、制造信息支持系统已经在众多制造业企业被广泛实践。

在"互联网+"时代，互联网已经渗透到生产生活的各个方面，信息科技也成为越来越多行业实现创新与发展的新引擎。对于传统的装备制造行业而言，个别企业的独立创新是技术变革的主体，但是在产业分工不断细化与标准化，产品个性化与复杂化程度提升的背景下，个别企业的局部创新面临困难。因此，在信息化技术的创新中，积极推进跨学科、跨产业、跨企业的网络化协同创新，才是进一步提升信息科技在制造业渗透率的关键，才能积极提升企业间联合创新的效果，从而为智能装备制造行业的新发展打下基础。

3. 绿色化

制造绿色化是一种现代化制造理念，其核心在于以生态化的理念实现更低的资源消耗。制造绿色化要求整个产品的生产和服务过程中，包括设计、制造、运输、使用到报废等过程均需要考虑环境污染和资源消耗的影响。20 世纪 90 年代，绿色制造的概念一经诞生就被西方发达国家广泛接受，国外的标准化文件，例如美国的绿色制造蓝皮书、ISO14000 系列标准中均体现了环境保护标准。在绿色制造成为制造业发展共识的背景下，绿色制造也成为现代制造业的发展趋势，国家化的环境保护标准和制造技术不断发展下的绿色制造趋势为产业化的绿色制造提供了必要基础[23]。众多国家开始在装备制造业中实践绿色化理念，通过制定绿色化的相关政策，力图实现传统制造的绿色化变革。例如，部分国家在贸易中需要进行环保认证，仅接受符合绿色化标准的产品进口；甚至部分国家在贸易中还设置了绿色化产品壁垒，在环保标准的基础上，通过环境保护要求的方式进行隐性的贸易保护。

与传统制造业不同的是，绿色制造不仅仅根据市场的需求进行产品的设计、生产和销售，还应当考虑整个生产过程和产品属性，力求在绿色化的生产过程中制造出对环境无害的绿色化产品，并且产品的使用、回收和循环利用过程均是绿色化的过程。绿色制造在一定技术条件下实现对资源的高效利用，并尽可能降低生产过程和产品使用过程的环境污染，这一理念符合生态友好型社会建设的理念，使绿色经济成为国际共识。从 2008 年起，联合国环境规划署（UNEP）就已经提出了绿色经济倡议；2011 年 2 月，UNEP 首次发表的《绿色经济报告书》，报告了全球绿色经济发展状况；2012 年，在全球峰会上，"可持续发展和消除贫困背景下的绿色经济"被列为联合国可持续发展大会（UNC）的主题。在绿色化革命不断推进的背景下，21 世纪的绿色化将成为全球经济发展的趋势。在我国，政府积极在科学发展观的指导下鼓励可持续发展，绿色产业已经成为实现中华民族伟大复兴中国梦的必然选择。在绿色化理念的指导下，不断将传统制造业的生产过程和产品属性进行改良和优化，不断树立起绿色发展理念，在生产管理、产品设计、物流运输、产品报废、循环使用等产品生命周期的全过程实现绿色化，是实现可持续发展的必然选择。

4. 服务化

在装备制造业的全球竞争格局中，发达国家将部分生产制造内容向发展中国家转移，全球制造业价值链基本形成。在这一过程下，发达国家在高新技术产品和高端装备中实现集中，不断向价值链高端的维度迁移，服务业占比不断增多，成为装备制造业服务化的趋势。在国内外的装备制造业之间的竞争不断加剧的背景下，装备制造业服务化成为更高端价值链的发展走向，服务化能够在技术上和管理上促进企业管理并进行差异化竞争。客户的实际需求不在于制造业的产品，而是产品基础之上的整合功能，是更加准确地帮助客户进行生产管理和服务的体系。因此，在装备制造行业中，企业不仅面临着来自产品维度的竞争，还在产品整合与服务上面临竞争。能否在客户的要求下生产出可靠的产品并提供可靠服务，并在个性化生产上满足客户需求，能否通过产品的维护与修理提供便捷的服务内容，通过多样化的增值服务和营销模式来保持客户关系，成为制造业企业发展的关键问题。在这一趋势下，服务化必将对装备制造业的发展产生深刻影响。

5. 全球化

全球制造业的发展已经从单极化开始转向多极化，制造业作为实体经济的基础将带动全球经济的新发展，也将成为全球产业竞争的全新战场。自 2008 年全球金融危机以来，全球范围内的信息科技革命不断推进，全球各个国家正想通过技术创新和产业发展来争夺在装备制造业的分工地位，从而在新格局中获得优势。因此，装备制造业在设计、科研、开发、生产、服务等多方面开始全球化发展。来自装备制造业的概念和成果不断涌现，各国的竞争格局不断变化，装备制造业的跨国企业不断出现和发展，全球化的装备制造业版图正在成型。在积累的全球化竞争面前，西方国家为了稳定自身的优势地位和全球竞争优势，不断推进自身的工业化和高端制造业发展政策。在之前的制造业中，发展中国家由于技术领域的差距，只能通过开放化的政策来吸引劳动密集型企业，承担了低附加值的生产环节，成为廉价的加工厂。发达国家在成本较低的国家设立代工厂，成为智能制造行业顶端的捕食者。在信息科技和产业革命同步发展的背景下，发达国家开始重新将制造业纳入产业发展的体系中，对于发展中国家而言产生了挑战，也逼迫发展中国家寻找新的行业地位。在尚未定型的全球化智能制造领域，发展中国家既有摆脱低端制造的机遇，也有面临激烈竞争的挑战，如何通过技术和产业发展模式的创新取得竞争优势，是值得深思的问题。

（二）发达国家装备制造业全球化发展新动向

德国、美国和日本在装备制造业上是全球化发展中的"领头羊"，探究这三个国家的制造业发展状况和模式，能够对我国的装备制造业发展带来启发。20 世纪 70 年代后，在发展中国家较低的劳动力成本和资源成本不断冲击的背景下，发达国家进行了装备制造业的产业化转移与变革。以精细化分工为特点，将研发和营销环节设置在国内，生产制造环节设置在国外。在三国的具体发展模式上，各自所采取的措施和方法也有所差异。具体而言，美国凭借自身在科研能力和技术创新上的全球领先优势，采用"研发与生产—出口—进口"产业生命周期理论模式演进；德国根据自身企业规模和特点，建立起了多个产业化的群体，利用更为精细化的分工合作促进发展，实现了上下游产业的多方协同发展；日本的装备制造业则与进出口贸易密切相关，利用"进口—国内生产—出口"的燕行形态理论模式演进，从而在较短的时间内建立其自身的竞争优势[24]。

德国、美国和日本等发达国家在进行装备制造业产业升级和变革的过程中也面临多种困境。例如，制造业向国外的转移导致国内实体经济不振，"产业空心化"使得虚拟经济成为国民经济的重要支柱，经济体对金融危机的应对能力降低。在 2008 年金融危机中，大量失业问题困扰着发达国家的社会稳定，因此这些国家开始通过制造业的回流来振兴实体经济，并取得一定进展。在整个制造业回迁的过程中，不同国家所采取的政策也有所差异。例如，德国主要采取扶持中小型企业为主的模式，积极将制造业作为实体经济振兴的重要产业，实现对欧洲其他国家的经济超越。2013年 4 月，德国提出了致力于制造业发展的"工业 4.0"战略，鼓励高端的智能制造发展。美国则聚焦于资本密集型和技术密集型的行业，积极通过技术和资本的领先优势重建制造业系统。2012 年，美国政府出台了《先进制造业国家战略计划》，并积极推行"工业互联网"战略，将技术与制造业进行有效融合。日本政府在制造业回迁的趋势下也采取了多种措施，但是由于日本政府的不稳定性，政策的推行与落实受到较大阻碍，尚未出现较大成效。

1. 德美日三国的共同点

（1）注重自主创新和研发投入

技术创新与变革在产业升级中起决定性作用，德国、美国和日本等发达国家在技术创新上进行了较大规模的研发经费投入，力图在技术领先优势的基础上进一步强化技术领导力，掌握整个产业价值链的高端层次，将低端层次向国外转移。美国政府一直重视自身的技术创新和基础研究工作，因此才造就了美国这个世界创新中心和技术发展高地的全球地位。在装备制造的技术创新方面，美国采取了对企业创新的税收优惠政策、专利保护和专项的高科技补贴等扶持政策。以美国在汽车产业的政策为例，密歇根州的汽车研发企业有 330 家，在汽车技术创新上的年均研发投入达到了 107 亿美元。美国积极通过技术方面的创新来增强对装备制造业的变革，积极将传统的装备制造业技术能力不断提升，使其规避中低端的生产过程和环节，在高端装备制造上建立其领先优势，提高技术能力和产品的附加值[25]。

与美国相似，德国也通过技术的创新提升了自身在制造业的实力。德国拥有技术能力高超的工程师队伍和高素质的人才队伍，并且在产品的质量和品牌建设上具有较高的要求。德国在技术能力、产品质量、品牌价值等多种因素的影响下，其产品的品牌地位和行业声望被广泛认可，这也成为德国装备制造业发展的巨大优势。

日本对于项目的引进具有明确的规定，对技术创新建立起严格的标准，在成本控制和技术引进上保持审慎态度。日本的技术引进聚焦于装备制造业，从1950年到1979年，日本在技术引进上投入了巨大资金，引进了约3.4万项技术，花费100亿美元，大多为在装备制造过程中的技术引进。除了进行必要的技术引进之外，日本政府也通过一系列的政策鼓励企业内部的自主创新和技术研发，以增强自身的技术实力。与美国和德国的技术创新模式不同，日本政府能够根据国情进行创新，立足于自身发展进行技术和设备引进，通过引进与模仿实现技术积累，从而实现追赶式的技术创新。在引进的内容上，日本能够立足于技术发展的前沿，关注自身的实际需求，聚焦于自身在装备制造业上的不足之处进行技术引进。日本不仅仅是在设备上进行简单引入，而是在技术上进行系统化引入，从而能够使其他国家的先进技术在日本复制。日本的消化吸收和创新成为发展中国家的模范，例如在钢铁技术的引进上，日本综合吸收了来自奥地利、美国、德国、瑞士和前苏联等多个国家的技术和生产模式，并在此基础上进行整合，最终形成了日本式的全球领先钢铁技术。

（2）产业集聚特征明显

在空间组织形态上，德国、美国和日本均形成了区域上的产业集聚地带，形成集聚效应。在德国的机械装备产业带，一些通用设备、交通运输、电气机械等企业总部均在德国南部的巴伐利亚州和巴登—符腾堡两个州进行布局，慕尼黑、纽伦堡等大型城市也在此处，众多汽车企业的总部同样坐落在这个产业集聚带。

在美国，装备制造业集聚区域位于中西部地带，其主要涵盖了伊利诺伊州、印第安纳州、密歇根州、俄亥俄州以及宾夕法尼亚等地[26]。日本由于海洋性地理状况、国家资源匮乏以及外向型的经济贸易地位等状况，工业区的布局呈现出典型的海洋性特征，基本在东京湾、骏河湾、伊势湾、大阪湾等几个海湾的周围，这一个狭长的工业区也就是著名的太平洋工业区。太平洋工业区在国土面积上仅仅占日本的2%，但是全国60%以上的人口和就业，以及 9 个特大城市均分布于此。产业集聚和集中化的产业分布能够促进企业间的信息共享和资源流动，促进产业内的协同创新和产业链整合。

（3）政府通过政策促进装备制造业发展

为了促进美国在装备制造业上保持全球领先优势，美国政府通过大量的政策项目、专项的科技创新和攻关计划来支持产业技术的优化升级。同时，对于能够进行持续创新的企业采取减税政策，鼓励行业内的产学研联合研发。为了进一步提升制造业回迁力度，美国近年来又实施了"制造业回归"战略，力图实现制造业格局的新变革。除了在宏观层面出台相关法案、政策和规划之外，在经济和文化领域，美国还号召国民购买本国产品，并将其作为维护社会稳定和促进就业的重要策略，通过公共倡议的形式推行。在美国的高端制造技术创新中，纳米技术、新能源电池、生物医药、电子器械、高端机器人等成为核心的突破口。在相关技术的专利申请和项目申报上，美国政府都给予充分支持。

日本根据国情，采用分阶段的装备制造业发展政策。其原因在于日本的装备制造业起步较晚，需要通过特定的策略实现赶超。日本的装备制造业发展在机械产品上起步，为了促进传统零部件和基本机械产品的制造和创新，日本陆续在 1956 年和 1967 年出台了《振兴机械工业临时措施法》和《振兴电子工业临时措施法》，成为机械工业的发展指南；1991 年，微机器技术研究开发项目在政府的支持下获得正式立项，该研究聚焦于在复杂的机构内部进行小范围移动的自主化微机器系统，成为机器人产业的重大工程，也成为后续机器人产业发展的技术基础。之后日本又陆续针对其他装备制造产业，推出了相应的技术创新和产业鼓励政策，促进了日本在落后状态下对美国和德国的追赶。

在 2015 年 1 月，日本在机器人产业的设计生产和出口方面均具有较强的国际竞争力，并顺势推出了"机器人新战略"，力图通过机器人产业作为突破口，实现在制造业、服务业、基础设施等五大领域的革命性变革，从而缓解日本在劳动力资源上的匮乏状态，并在国际制造业竞争中占据领先优势。在这一政策的推动下，日本的工业机器人保有量已经占据世界第一席位，达到了约 31 万台，该数量为全球总量的三分之一。因此，日本也成为全球最大的工业机器人使用国家，也是最大的工业机器人制造与出口国。

德国十分关注装备制造业的智能化，早在 1990 年，德国政府在装备制造业整体不景气的背景下，就提出了一个"生产 2000"产业计划，其核心就在于推进制造业的智能化。德国政府希望通过这一计划实现在装备制造业上的多方面发展，一是通过智能化技术的创新使德国制造业具备领先的全球竞争力；二是提升制造业的现代化水平；三是增强制造业的生产效率，促进制造业向环境友好型产业的发展转型；四是通过鼓励创新来扶持中小企业。在这个计划的推进过程中，德国政府增加了在智能制造领域的基础技术上的投资，例如，建设能够提升生产效率和降低生产成本的整合系统；建设能够实现便捷信息传输和智能化分析的控制和管理系统；探索更具市场环境适应能力和学习能力的柔性化生产技术等。2013 年，在《德国高技术战略》与《德国高技术创新战略 2020》等政策基础上，德国的众多行业领军人才组建的"德国工业 4.0 工作组"发布《保障德国制造业的未来：关于实施"工业 4.0"战略的建议》报告，在其中首次提出"工业 4.0"这一划时代的概念，并称之为第四次工业革命，带来了全新的工业智能化浪潮。"工业 4.0"能够在信息技术的基础上，对传统的生产方式进行智能化改造，实现整个生产过程和服务过程的智能化，利用智能化的信息科技，在技术服务和数据服务上占据领先优势，从而确立自身在全球竞争中的地位。

2. 德美日三国的不同点

（1）德国

德国的装备制造业在产品种类、产业形态和空间组织上与美国、日本两国存在较大差异。就产品种类而言，德国在装备制造上拥有全球最多的产品类别，产品中所蕴含的核心技术也都在德国的手中，在关键部件和制造的过程中不存在技术上的障碍。就产业形态和空间组织而言，德国装备制造业既有多个具备国际影响力的跨国企业，也不乏精致的中小企业，他们能够通过密切的分工合作，实现商业上和战略上的协同，从而成为德国装备制造业发展的产业优势。此外，德国在装备制造上具备良好的市场口碑和品牌形象，严格的质量要求，使得他们能够对全球的消费者做出自己的服务承诺。通过政府的政策引导，相关的部门和团队能够对装备制造业标准进行统一规划，使得国家内部的企业能够良性竞争，也可以不断提升德国在全球的产品竞争力。"德国制造"一词在全球被称为高质量产品的象征，反映了德国对于装备质量的追求。通过严格的质量管理流程和精准化的产品检验流程，有效保障产品的质量，是全球制造业企业学习的榜样[27]。

（2）美国

美国的装备制造业发展主要体现在其技术实力上，"研发与生产—出口—进口"的产品生命周期发展模式是美国装备制造业发展的特色。美国在资本和技术上具备优势，在政府对于技术创新的不断支持下，美国在新产品的设计开发与制造上能够抢占先机。在产品对国内市场需求不断满足的同时，美国加大了向其他国家的产品推广，从而在全球市场提升自身的地位。在新技术不断向其他国家蔓延的背景下，越来越多来自于其他国家的竞争者开始向美国发起挑战，美国开始进行以投资为基础的产业转移，将资本和技术转移到其他国家。一旦国外生产的产品比国内还具备成本优势，美国所使用的产品就全部来自于进口，自身则在技术上进行深度创新，从而实现了"研发与生产—出口—进口"过程循环。

以装备制造业为基础形成了许多美国的跨国集团公司，这些公司成为全球市场的重要领导力量。据相关部门统计，2010 年世界 500 强企业中美国就占据了 140 个席位，而其中 1/4 左右是装备制造业企业。这些公司能够在国际分工中位居价值链高端，通过技术和资本实现向国外的产业转移。

1990 年以来，以互联网为代表的信息科技迅猛发展，新型装备制造业在美国快速蔓延开来，成为一股不可抵挡的力量，向传统装备制造业发起挑战。在这一次的产业革命面前，美国同样将技术创新摆在优先发展的位置，积极抓住技术创新与发展机遇，在国内的计算机、通信和航空航天等领域开展产业化创新，再次将装备制造业变成经济发展的主导力量。在这一变革之中，美国还积极将信息科技利用于传统的装备制造过程中，将传统装备和工艺的技术基础进行优化。举例而言，美国将计算机技术融入汽车制造业，使汽车的生产速度和产品质量得到提升，也使得美国的汽车产业开始向德国和日本发起新的挑战。2000 年以后，美国的计算机产业为美国经济的实际增长率做出了巨大的贡献。在计算机产业不断发展的背景下，与互联网和软件相关的服务型产业，例如软件开发、系统设计、数据管理等行业也发展起来，成为解决美国就业的重要行业，也成为经济发展的重要组成部分。2008 年金融危机给其他国家的制造业产生巨大冲击，但是美国在装备制造业上的恢复能力和速度却远超于其他国家，其原因就在于美国在技术上的高端层次，也成为美国百年以来产业持续发展的源泉，技术的创新促进了可持续的包容性增长过程。

（3）日本

日本由于海洋性地理状况、国家资源匮乏以及外向型的经济贸易地位等国情，采用了"进口—国内生产—出口"的燕行形态理论模式演进。日本的装备制造业从落后到不断发展再到领先的过程可以为发展中国家提供案例借鉴。其整体的产业发展与演进过程主要有以下过程：在最初阶段，国内的技术水平较低也缺乏相应资源，因此从国外进行高端产品的进口是必然的选择。通过进口相应的设备和技术来实现装备制造业快速发展，在有一定经验之后开展自主生产，用内部的产品代替进口。之后在国外进口的基础上加强消化、吸收、创新，从而能够结合自身优势来进行技术创新，渐渐进行产品的出口，不断增强在全球贸易中的竞争力。日本较强的消化吸收能力能够弥补自身在发展早期的不足，在引进的基础上开展创新，能够促进自身技术实力的快速提升。

在 1955～1970 年，日本的装备制造业实现了巨大飞跃，尤其是电气机械、交通运输、半导体、家用电器、机器人等行业已经在全球市场具备绝对竞争力，成为重要的制造业创新市场。1980 年以来，工业机器人成为日本装备制造业发展的全新技术领域，半导体行业的市场地位也不断提升，市场份额从 27% 提升至 51%。

进入 21 世纪之后，日本开始大力发展信息服务产业，力图缩小与美国的差距，其加大高新技术在交通运输等行业的使用力度，不断发展智能化的装备工具。例如，丰田公司对于生产工具的电子化改装国际领先，采用三维设计、无纸化生产、虚拟制造等技术的三洋电器公司也能够闻名全球。

3. 发达国家的装备制造业全球化发展趋势对我国的启示

（1）实体经济和装备制造业是经济发展的基础

在过去的几十年里，西方发达国家的经济发展呈现出过度金融化的特点，以金融业和互联网业为代表的虚拟经济以前所未有的速度快速发展，超过了实体经济的发展速度，2008 年爆发的金融危机就在此背景下出现。金融危机之后，美、日、德三国意识到实体经济的基础性作用，希望通过制造业的回归来增强经济发展稳定性，优化经济结构。我国虽然凭借较强的宏观调控能力在金融危机中未受到较大冲击，但是应当关注经济结构对于经济发展的重要影响，关注实体经济的发展状况，不能出现虚拟经济替代实体经济的危险状况。装备制造业是实体经济发展的重要内容，也是我国国民经济发展和国防能力建设的重要支撑。只有在充分运用金融工具和信息化工具的基础上发展实体经济，才能有效促进实体经济和虚拟经济的协同发展。装备制造业是国民经济发展的支柱产业，装备制造业的发展程度影响其他行业的发展，也是产业结构优化升级的重要内容，对振兴国民经济和提高居民生活质量，实现可持续的稳定对经济发展具有重要影响。在装备制造业发展的过程中，其需要较高的成本和技术能力，应当重视装备制造业的发展，在研发、设计、生产、服务等方面提供必要的资本和技术支撑，增强产业的竞争力。

（2）技术创新是装备制造业全球化发展的主要力量

装备制造业包含了复杂的创新、设计、生产和服务过程，存在较长的生产周期。在全球化不断发展的大背景下，各种各样的资源开始在全球范围内进行配置，信息的流动和市场竞争也呈现全球化的特点。技术创新对于产业发展而言至关重要，发达国家由于具备技术上的领导权而处于价值链的高端维度，而发展中国家只能在劳动力和资源优势上占据低端维度，这使得全球分工呈现贫富分化的特点。从美国、日本、德国等发展经验来看，不断增强研发投入是其成功的关键性因素，技术创新成为了核心竞争力。德国关注高素质人才的培养，通过大量的教育经费和研究课题来培养创新型人才。此外，德国还凭借严格的质量控制和良好的品牌形象使得产品在全球享有较好的口碑，成为"软实力"的一部分。而日本能够进行较好的消化吸收和整合创新，在较为落后的条件下实现了对其他国家的快速赶超，对我国的制造业发展有借鉴意义。我国应当积极向这些国家学习做法，不断增加在技术创新上的研发投入，增强自身的技术硬实力，不断将自身的分工地位向产业价值链高端转移。我国作为拥有庞大国内市场的制造业大国，具备一定的制造业发展基础，应当进一步根据国情增强技术创新和研发，从而不断形成自身的技术竞争力。

（3）政府扶持是装备制造业快速发展的有力支撑

纵观发达国家的装备制造业发展过程，美国、日本、德国等均通过产业政策支持装备制造业发展。这些政策有些以直接税收优惠和补贴的方式直接促进了装备制造业的发展，有些通过产业环境的优化和市场体制的建立间接促进了产业的发展。在政府的引导下，企业能够充分发挥自身的主观能动性，开展高效的产业创新，加快了产业升级和创新发展的速度。就我国而言，我国政府在装备制造业发展上也出台了一些政策，但是政策力度不够大，政策覆盖面也不够广，政策的区域差距还有待进一步弥补。在研发资金的投入上，与发达国家相比仍然具有差距。此外，政府在市场环境和专利保护等方面，还需要进一步优化，从而间接促进装备制造业发展。

（4）产业集群是建设世界级装备制造业基地的重要基础

产业集群不只是空间上的产业园区建设，而是渗透到整个产业链的整合发展过程。这是由于产业集群的优势在于产业圈内部的有效细化分工和协同创新，其能够产生相比于单独发展更大的规模经济。由于装备制造业涉及多样化复杂要素，比较适合在产业集群中进行多样化资源的整合，使得企业能够在正向外部效应的作用下创造更大价值。产业集群内部的企业在稳定的合作关系下，可以在产业内部和产品上进行更有针对性的创新，在设计、生产、服务、回收等环节密切合作，能够实现更低成本的技术创新和模式创新。

从国际经验来看，美国、日本、德国等国家已经从战略规划和政府引导上建设了多个具备全球领导力和影响力的装备制造业产业集群，成为全球经济的重要力量。例如，美国的底特律汽车城、日本的丰田汽车城、德国的慕尼黑附近的汽车产业群都已经成为全球知名的产业化创新型基地，成为其他国家模仿和学习的目标。对我国而言，产业集群能够充分整合资源，将资本、技术和人才进行更加集中化的配置，通过产业集群内部的广泛合作实现有效的技术创新和产业变革，增强产品的生产效率和产品质量，在服务和创新上孵化全新的模式，逐步扩大在全球装备制造业的影响力，从而实现世界级的装备制造业基地建设。

参考文献

[1] 孙林岩．中国制造业发展战略管理研究[M]．北京：清华大学出版社，2009：215．

[2] 吴庆庆．我国装备制造业现状分析及振兴策略研究[D]．合肥：合肥工业大学，2006．

[3] 王燕梅，金碚，李京文．装备制造产业现状与发展前景[M]．广州：广东经济出版社，2015：76．

[4] 中国机械工业年鉴编辑委员会编．中国机械工业年鉴 2011[Z]．北京：机械工业出版社，2011：85．

[5] 徐东华，聂秀东，马向晖，黄必烈，机械工业经济管理研究院．中国装备制造业发展报告（2015）[M]．北京：社会科学文献出版社，2015：2．

[6] 齐建珍，杨中华，张龙治．工业转型研究、工业转型与产业发展研究[M]．沈阳：东北大学出版社，2002：51．

[7] 林桂军，何武．中国装备制造业在全球价值链的地位及升级趋势[J]．国际贸易问题，2015（04）：3-15．

[8] 王梦奎. 中国经济发展的回顾与前瞻[M]. 北京：中国财政经济出版社，1999：512.

[9] 大众财经图书中心. 新编常用经济词典：超级实用版[Z]. 北京：中国法制出版社，2012：159.

[10] 崔万田. 中国装备制造业发展研究[M]. 北京：经济管理出版社，2004：230.

[11] 邢国均，邓继跃，隆学武，张晓刚，中工联创国际装备制造研究中心. 2012 装备工业蓝皮书，转型升级中的装备制造业[M]. 北京：机械工业出版社，2012：39.

[12] 段磊，王瑞臣. 战略规划编制与研究决胜"十三五"[M]. 北京：中国发展出版社，2015：107.

[13] 雷宗友. 高端装备制造产业[M]. 上海：上海科学技术文献出版社，2014：15.

[14] 崔万田. 中国装备制造业发展研究[M]. 北京：经济管理出版社，2004：230.

[15] 邢国均，邓继跃，隆学武，张晓刚，中工联创国际装备制造研究中心. 2012 装备工业蓝皮书，转型升级中的装备制造业[M]. 北京：机械工业出版社，2012：38.

[16] 王福君. 区域比较优势与辽宁装备制造业升级研究[M]. 北京：中国经济出版社，2010：197.

[17] 倪义芳，吴晓波. 世界制造业全球化的现状与趋势及我国的对策[J]. 中国软科学，2001（10）：24-28.

[18] 王吉鹏. 企业文化重构——如何应对时代变革下的文化挑战[M]. 北京：中国财富出版社，2016：58.

[19] 陈薇. 装备制造业发展现状评价研究[D]. 合肥：合肥工业大学，2016.

[20] 崔万田. 中国装备制造业发展研究[M]. 北京：经济管理出版

社，2004：2.

[21] 王元，朱金海. 产业前沿：机器人、能源装备、设计之都[M]. 上海：上海远东出版社，2013：17.

[22] 王福君. 后金融危机时代美国、日本、德国三国装备制造业回流及对中国的影响[J]. 经济研究参考，2012（63）：7-13.

[23] 刘曦. 发达国家装备制造业发展特点及经验启示[J]. 特区经济，2011（10）：91-93.

[24] 王福君，沈颂东. 美、日、韩三国装备制造业的比较及其启示[J]. 华中师范大学学报（人文社会科学版），2012，51（3）：38-46.

[25] 仇荀. 发达国家装备制造业竞争力提升经验探讨与借鉴[J]. 商业经济，2015（10）：3-4.

[26] 盛新宇，刘向丽. 美、德、日、中四国高端装备制造业国际竞争力及影响因素比较分析[J]. 南都学坛：南阳师范学院人文社会科学学报，2017，37（3）：99-108.

[27] 娄成武，吴宾. 德国"工业4.0"战略及其对中国装备制造业发展的启示[J]. 中共青岛市委党校：青岛行政学院学报，2016（2）：14-18.

第二章　装备制造业国际化人才培养需求分析

一、装备制造业国际化人才的内涵特征

（一）人才的内涵界定

人才一词出于古老的《易经》中的"三才之道"，即孔子及孔门弟子的《易传》讲："《易》之为书也，广大悉备。有天道焉，有人道焉，有地道焉。兼三才而两之，故六。六者非它也，三才之道也。"在长期的实践中人们感悟到，人可以向天学习，向地学习，天道、地道与人道可以融会贯通，通过法天正己、尊时守位、知常明变，以开物成务，建功立业，改变命运，因而成就了"三才之道"的伟大学说。

人才一方面指人的才能。汉代王充《论衡·累害》："人才高下，不能钧同"；晋代葛洪《抱朴子·广譬》："人才无定珍，器材无常道"；唐代刘知几《史通·叙事》："故知人才有殊，相去若是，校其优劣，讵可同年？"。另一方面"人才"特指有才学的人，如晋代葛洪《抱朴子·逸民》："褒贤贵德，乐育人才"；宋代王安石《上仁宗皇帝言事书》："则天下之人才，不胜用矣"；清代恽敬《兵部侍郎裴公神道碑铭》："今上加意人才，大臣多以公名举奏，升内阁侍读学士"。

现代中国，人才更多是特指一些在某方面有才能或本事的人[1]；也可

以参考国家长期人才发展规划纲要（2010—2020）中的定义："人才是指有一定的专门知识或专门技能，进行创造性劳动并对社会做出贡献的人，是人力资源中能力和素质较高的劳动者。人才是我国经济社会发展的第一资源"。郑晓明（2011）等特别强调人才资源是指人力资源中具有创新意识和创造能力的资源[2]。

人才是一个相对的概念，不同的国家或地区以及不同的时期对于人才内涵的界定都是有所不同的[3]。深入理解人才概念的内涵需要准确把握人才应具备的本质特征。纵观现有文献，可以从以下方面把握：一是从层次性、类别性、相对性、稀缺性、动态性方面把握；二是从创造性、流动性、协作性、相对性、地域性方面把握；三是从积极性、投入、付出、劳动消费等四个层面把握；四是主要从能力、业绩、相对性、时间性、区域性等方面予以把握。由此可知，大多数研究都强调所谓人才应该是具有一定专业技术水准、一定创造能力、一定社会贡献度的群体；强调人才的学历、能力和业绩等标准。但对人才的时间性及地域性等相对特征有所忽略。

笔者认为，就本质特征而言，人才群体应从五个方面考量，即工作成效、专业影响力、资源稀缺度、内在创造力、自我激励度。应该充分认识到，学历与职称是构成人才衡量标准的重要条件但非充要条件，同时，人才也具有空间、时间及行业上的相对性。

（二）国际化的内涵

1. 企业经营的国际化

（1）企业国际化的内涵

企业的国际化与经济活动的全球化紧密相连。国际货币基金组织的《世界经济展望 1997》中定义全球化为"跨国商品、服务贸易、资本流动规模和形式的增加，以及技术的广泛快速传播；促进世界各国经济进一步相互依赖"[4]；联合国贸易和发展组织的观点是：经济全球化使生产者和投资者的行为趋向国际化，由单一市场和生产区组成世界经济，而不是各国经济通过贸易和投资流动连接而成世界经济，区域或国家只是世界经济的分支单位[5]；美国学者理查德.D.罗宾逊在《企业国际化导论》(1989)中指出：国际化是企业有意识地追逐国际市场的体现，它既包括产品国际流动，也包括生产要素的国际流动；阿兰·格鲁曼（全球经济问题专家）从跨国公司的视角，以全球化的主要参与者的感受来定义，认为全球化是跨国公司跨越国界从事对外直接投资，建立商业网络，从而创造价值的活动。放眼世界，真正符合上述定义要求的全球化企业可谓凤毛麟角，因为在全球化的过程中会面临各个国家的贸易壁垒、投资限制等"拦路虎"，企业往往难以摆脱影响。虽然有上述种种问题和困难，但企业并没有停止全球化的冲动和前行的脚步，很多企业还是按照全球经济一体化的构想对其全球经济战略进行"布局谋篇"，全球化是企业追求的一个理想目标或境界，而国际化则是企业为达到全球化理想目标境界而采取的重要手段，国际化的进程在很大程度上反映了全球化的水平。

企业的国际化应该从内涵与外延两方面综合起来加以定义。对于企业来说，企业的内涵国际化的指标包括理念、视野、人才、技术、服务与管理等非物质性的生产要素；企业的外延国际化的指标包括设备、厂房、资金及标志性的对外活动等物质性的生产要素及可视的活动载体。综上所述，笔者认为，企业的国际化是指在经济全球化背景下，企业面向世界经济市场，通过公认或约定的国际规则，调动设备、厂房、资金及人才、技术、服务与管理等要素，达成优化组合生产要素，促进产品全球销售，以获取企业最大利润的活动过程。

（2）企业国际化的指标

就单个企业而言，企业国际化的指标可以从六个方面予以阐述，即人才国际化、管理国际化、生产国际化、销售国际化、融资国际化、服务国际化（元宝娜，2015）。一是人才的国际化，对于企业拥有的国际化人才而言，一般要满足以下全部或部分要素要求：熟悉国际投资、国际金融、国际贸易等领域的相关知识，知晓对象国语言、文化与法律，具有国际经营管理理论与经验，拥有相对精湛的技术技能，等等；二是管理的国际化，要求企业的管理具有国际视野，符合国际惯例及未来发展趋势，能有效配置全球范围内的资源；三是生产的国际化，是指企业在全球范围内进行采购、生产及物流；四是销售的国际化，是指企业通过全球销售网络，针对不同地区，选择不同产品，使企业利润最大化的一种销售活动；五是融资的国际化，是指企业具有在全球范围内寻找风险小、成本低的融资机会的能力；六是服务的国际化，是指企业能针对全球不同的地区与不同的产品，提供销售前后符合当地法律法规、文化习俗的规范化、个性化的服务。

（3）企业国际化的方向

根据企业国际化活动的方向，可以将企业国际化划分为内生国际化和外生国际化两个方向。内生国际化的企业一般通过直接或间接进口生产性要素或非生产性要素来实现企业的国际化，企业具体的经营与表现形式包括来料加工、来样加工、来件装配和补偿贸易、进口贸易、合资合营、购买技术专利、成为外国公司的子公司或分公司，等等；外生国际化的企业一般通过直接或间接出口生产性要素或非生产性要素，从而实现企业的国际化，其主要形式有技术转让、国外合同签定、出口贸易、国外合资合营、在国外建立子公司或分公司，等等。

（4）企业国际化的特点

企业国际化的特点一般表现在以下五个方面：一是国际化的思维与视野，企业进行经营方向决策时不仅会考虑国内市场的情况，还会更多地考虑全球市场的需要，自觉遵循全球经济运行规律，按国际惯例和国际贸易规范处理相关事务；二是企业定价策略的国际化，企业会自觉按照国际价值和全球市场供求状况来确定进出口商品的价格；三是企业资源配置的国际化，企业会按照利润最大化原则配置生产要素，选择投资领域；四是资源利用的国际化，企业一般利用国内外资源，特别是全球资金、技术、人才、信息等资源，促进所在国的经济发展；五是企业经营的国际化，企业既可以在某一局部或个别产业进行深耕经营，也可以在多个领域开展多种经营，总之是扬长避短，灵活经营，最终在整体上实现企业的国际化目标。

2. 从高等教育的角度审视国际化的内涵

高等教育的国际化，可以从活动、能力、文化、过程等各方面给予审视和界定[6]。从活动方面审视就是从高等教育从事的各种具体活动出发来描述高等教育国际化的内涵，这些活动包括师生人员的交流、课程内容的设置、科学研究的合作等；从能力方面审视就是从培养和发展高等教育相关主体的学生、教师和其他人员的技能、知识和态度的角度来界定高等教育国际化的内涵，以掌握或获取有效的生活和工作在多样化世界中的各种新技能、新知识、新方法、新态度来衡量国际化的水准；从文化的角度审视就是强调观念、观点、态度、精神等方面的国际化，要求树立全球视野、国际化的精神气质和文化理念；从过程的角度审视就是将跨文化的、国际的、全球的理念融入到高等教育的人才培养、科学研究、社会服务的全过程。上述四种不同的视角界定高等教育国际化的内涵并不相互排斥，而是有交叉和补充。基于此分析，可以将高度教育国际化的内涵作如下界定：高等教育国际化是指经济全球化趋势下，通过系列活动和项目，从教学、科研及服务方面，培养高校的核心竞争力及师生的国际视野和国际交流能力的过程。

（三）国际化人才界定及分类

1. 国际化人才界定

关于国际化人才的界定，许多学者进行了较为广泛的探讨与深入的研究：汤贞敏（2016）认为，可以把国际化人才理解为具有开阔的全球视野、较强的民族责任感、较强的对象国语言应用能力、较强的跨文化沟通能力，熟悉本行业国际惯例与规划，掌握本行业国际发展态势，可参加本行业国际交流合作，能促进一个组织在国际竞争中获得并保持竞争优势的人才[7]；丁进（2010）认为，国际化人才是一个变化发展的概念，其内涵会随着时间地点与任务的变化而有所发展变化[8]；潘金云、陈小平（2011）认为，国际化人才的内涵有三：一是把国内人才培养成具有国际化素质并在国际活动中发挥重大作用的人才；二是把国内人才通过派往匡外学习或者工作之后具有国际技能并为国家作出贡献的人才；三是直接用好外国人才[9]；也有学者认为：可以从个体和组织两个方面来理解国际化人才的内涵，从个体来看，要求个人的能力和素质，能够适应国际市场竞争的需要，能够创造一定价值，从组织角度来看，要求能够构建一个适应国际人才发展的环境。陈正礼（2006）强调国际化人才的标准除了专业技能外，还应考虑是否爱国和是否具有适应环境的能力。综合以上研究，笔者认为国际化人才应主要从如下四个方面界定：一是具有广阔的国际视野和全球化理念；二是具有较前沿的专业知识或较精湛的技术技能；三是具有跨文化交流的知识底蕴和外语水平；四是熟悉国际规则，能够为组织的国际竞争与交流发挥作用，做出贡献。

2. 国际化人才分类

国际化人才可以按知识与能力来分类，一般可分为国际学术型、国际合理型、国际工程型、国际技术型、国际技能型五大类。

上述五大类国际化人才中，国际学术型人才与其他四类国际化人才的区别较为明显，而其他四类人才的边际界限较为模糊，可以统称为国际应用型人才。在国际化社会生产活动流程中，这五类人才均有明确的职能分工（见图2-1）。

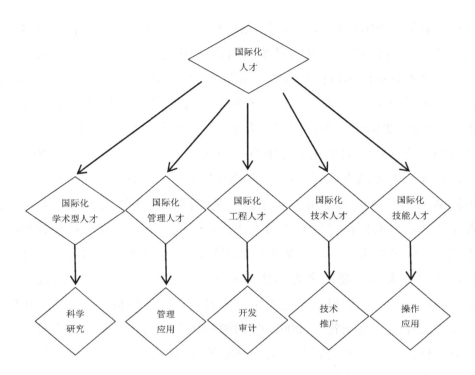

图 2-1   不同类别的国际化人才职能分工

需要指出的是,国际工程型、技术型、技能型人才在工作上交叉较多,容易产生一定的混淆和模糊。工程型人才与技术型人才都需要掌握相关理论,并能运用生产技术,而前者侧重于设计技术和开发技术,后者侧重操作技术与实践能力;技术型人才与技能型人才都强调实践能力,前者以理论技术和智力技术为主,后者以经验技术和动作技术为主[10]。

从人才的来源和工作地点分类,可以将国际化人才分为四类:一是企业向境外组织与机构派出的国际化人才;二是企业在境外机构招募的本土国际化人才;三是中国境内企业招聘的海外国际化人才,包括外国人、海外学成归国的留学生及港澳台地区的人才;四是中国境内企业招聘或培养的本土国际化人才[11]。国际化人才结构见图 2-2。

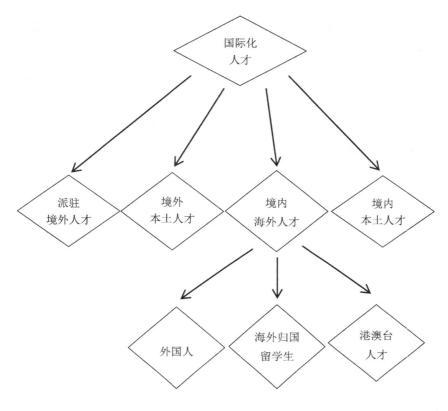

图 2-2　国际化人才结构图示

（四）从装备制造业视角对国际化人才的审视

1. 装备制造业对国际化人才的界定

目前，中国装备制造业"走出去"势头正劲、态势良好。据统计，2014年中国装备制造业的出口达2.1万亿元，占国家出口收入的17%，包括电力、通信、高铁、航空、矿业等行业，大型成套设备出口增长迅猛[12]。2015 年 5 月，国务院颁布了《国务院关于推进国际产能和装备制造合作的指导意见》，加上国家"一带一路"的宏观布局，结合全球范围国际产能合作与基础设施建设需求热潮的出现，中国装备制造业"走出去"迎来了良好机遇；但也应该看到，中国装备制造业在"走出去"的过程中还存在着诸如行业国际标准的障碍，对东道国的法律、文化、习惯了解不够的问题，对海外市场把握精准度不高等情况，这些挑战都需要一一化解，而化解的关键是人才的数量与质量，尤其是需要足够数量与质量的国际化人才。

从装备制造业国际化人才的内涵看，一方面必须具备国际化人才的必备特质与要求，另一方面还应熟悉装备制造业的国际惯例与规划，掌握装备制造业的国际发展态势。

2. 发达国家对装备制造业国际化人才培养的举措

美国作为当今世界头号经济强国，对装备制造业的发展十分重视，美国政府甚至把"再工业化"作为一项国家战略来实施。美国积极推动制造业产学研结合，相关企业与大学、联邦实验室之间建立了密切的合作关系。美国政府十分重视职业教育，重点培养本土与国际市场急需的高级技术工人，以及机械制造与自动化、专用设备制造、精密器械、精密装备等高技术人才。

日本出台了鼓励学习制造基础技术的政策，大力提升本国装备制造产品的国际竞争力。日本鼓励国际技术引进及自身企业创新，尊重与保持国际化人才权益，出台了《知识产权战略大纲》和《知识产权基本论》。日本于 2011 年投入了 112 亿日元，推动东京大学、早稻田大学等 12 所知名大学与 16 家顶尖商社和制造业、运输业等领域的大企业联合，共同开展高新技术研发，在培养应对国际竞争的国际化人才方面取得了良好效果。

韩国出台了免征国外科技人员所得税的政策，成立了"科学和工程基金会"与"现代科学技术院"，使研究和生产更为紧密，装备制造业国际化的成效明显，装备制造业产品在国际市场上位居前列。

二、装备制造业国际化人才培养的现状分析

（一）从装备制造企业角度审视国际化人才培养的现状与问题

通过对一些大型装备制造企业海外业务部门相关人员的抽样调查，可

以看出，中国装备制造业国际化成功的促进因素很多，其中较为关键的因素包括企业的市场营销能力、技术创新能力、跨国管理能力，同时企业的国际化文化氛围、企业建立品牌能力等也是重要因素（见表2-1）。

表 2-1　促进装备制造企业国际化成功的因素与影响强度

调 查 项 目	影 响 强 度
人才培养的本土化	7.1%
对优秀管理人才的吸引力	7.1%
建立品牌的能力	9.5%
企业国际化文化氛围	11.9%
跨国管理能力	14.3%
技术创新能力	19.0%
市场营销能力	26.2%
其他	4.8%

抽样调查还表明，装备制造企业缺乏国际背景的人才是开展国际业务遇到的最大挑战，其次是海外市场差异性和跨国业务管理能力，另外存在"标准""质量""汇率风险""东道国政府限制"等挑战（见表2-2）。

表 2-2 装备制造企业开展国际业务遇到的挑战

调 查 项 目	认 可 强 度
所在地政府限制	4.8%
汇率风险	9.5%
产品质量	9.5%
产品标准	11.9%
企业跨国业务管理能力	16.7%
全球市场差异	16.7%
企业国际背景人才缺乏	23.8%
其他	7.1%

总体来看，装备制造企业在开展国际业务时，急需全球化背景的企业管理人才、市场营销人才、标准化技术技能人才、国际金融人才、所在国文化与法律人才等。

装备制造企业对于国际化人才的内部培养，一般采用理论培训和实践运用相结合。理论培训重视视野开拓和技能提升；具体的实践运用则采取项目参与、顶岗、轮岗等途径，加强国际化实践操作，积累国际化实践经验。总体来看，已经取得了一些成绩，形成了一些优势：一是积累了一定的海外市场拓展、国际投资并购的经验，形成了一定的国际化人才基础；二是依托一定的海外项目，有利于人才的实战培养；三是国家政策、行业与企业环境有利于国际化战略实施；四是有较为丰富的大学生储备人才，便于从中选拔优秀的国际化人才培养对象；五是人才全球化背景下，国际化人才的外部选聘的渠道与来源较为丰富，有利于人才引进。

装备制造企业对于国际化人才的培养还存在一些问题。一是企业内部培训师资力量不足，一些装备制造企业开展了对企业员工的内部培训，希望通过企业内训讲师授课的方式，提升整个国际化人才队伍的专业能力。但现实情况是，一般选拔的内部讲师缺乏授课技巧，课程开发处于初级阶段，课程系统性较差，导致培训效果不佳；二是企业外部优秀师资引进较难，装备制造企业国际化人才培养在很大程度上需要借助外脑，但真正有理论深度、有实践经验、针对性强的优秀讲师较少，高校教师虽然综合素质较高，具有较系统的国际贸易知识和较高的外语水平，但在国际贸易风险防范、外汇风险规避、国际市场开拓等方面实践经验不足，在具体操作时难以满足企业国际化人才培养的需求[13]；三是缺乏机制化的国际化人才培育体系，面对业务发展对人才的紧迫需求，没有做到前瞻布局和系统规划；四是企业对国际化人才的职业生涯引导与管理不到位，没有从制度上形成激发员工自我学习的主观能动性，外派员工学习缺乏规划、职位晋升通道不畅。

（二）从高校角度审视国际化人才培养的现状与问题

1. 国际化人才市场需求分析

高校要进行有针对性的国际化人才培养，首先应该了解市场对国际化人才在学历结构、行业需求、专业需求、能力需求等方面的要求。蔡其明（2013）对广西国际化人才需求进行了调研[14]，从学历需求看，广西国际化人才本科学历占 69.6%，专科占 43.7%，研究生占 32.5%；从行业国际化需求看，2010 年第二产业国际化人才需求为 21.88 万，第三产业国际化人才需求为 20.18 万。2015 年第二产业国际化人才需求为 32.8 万，较 2010 年增长 50%，第三产业国际化人才需求为 27.83 万，较 2010 年增长 37.9%；从国际化人才专业需求结构看，对机械、化工、金融、英语等专业需求不减，而对商务贸易、经济管理、物流和旅游类需求急增，显然，这是与当地国际化发展需求相匹配的；从国际化人才能力需求看，综合能力、外语水平、实践能力分占 1、2、3 位，详见表 2-3。

表 2-3　国际化人才能力需求排序（以广西为例）

选　项	百分比%	排　序
综合能力	81.3	1
外语水平	78.6	2
实践能力	77.8	3
社交能力	68.1	4
表达能力	63.6	5
专业知识	61.3	6
业务能力	59.4	7
适应能力	54.2	8
学习能力	49.7	9

随着国家"一带一路"战略的实施，社会与市场对国际化人才的需求又有了一些新的变化，如急需国际化资本运作型人才，急需具有创造性的

新型国际贸易人才，急需综合素质高的复合型、外向型人才，急需境外基础设施投资与建设的各类管理与工程技术人才。

2. 高校国际化人才培养的现状与问题

（1）高校国际化人才培养的现状

高校培养国际化人才，应该紧贴企业对国际化人才的需求，针对不同的培养任务与目标，在培养方案、课程设置方面形成不同的方案。目前，国内一流的研究型大学特别强调培养人才的国际视野，具备跨文化交往所应具备的知识底蕴和外语水平，能够阅读学科专业前沿著作，能够进行国际学术交流；外语类院校则强调熟练掌握外语技能，全面了解对象国的人文社科知识，培养能胜任翻译、外事、教育、管理等工作的人才，不少外语专业的学生能够争取在对象国学习一学期或一年的机会，通过深入对象国内部，进一步了解对象国的语言和文化的差异[15]。

经济全球化的深入发展对国际化高端技术技能人才也提出了热切需求：从国家层面看，2014 年国务院批准教育部《2003—2007 年教育振兴行动计划》把扩大教育对外开放、加强国际交流合作作为国家教育战略的关键环节，2011 年教育部在《关于高等职业教育引领职业教育科学发展行动计划（2011—2015）》中更是明确要求国家示范（骨干）高职院校要培养具有国际竞争力的高端技能人才"[16]，2014 年教育部联合国家发改委、财政部、人才资源与社会保障部等印发了《现代职业教育体系建设规划（2014—2020）》，对职业教育国际化提出了明确的要求；从高职院校层面看，不少高职院校开始扩大引进优质职业教育资源，与国外高水平院校建立一对一合作关系，较系统地学习国外先进办学模式，加快培养适应我国企业走出去要求的技术技能人才，联合建立国际化人才培养基地，提升了我国高等职业教育对周边国家的辐射力和影响力[17]。张驷宇（2017）对青岛市高职院校国际化人才培养情况作了调研，调研发现：该市高职院校普遍重视国际化人才培养，大多高职院校确定了国际化人才培养模式并在实践中积极探索；有 59.7%的受访学生表示没有参加过国际化活动；57.3%的受访学生认为所在院校对国际化人才培养比较忽视；46%的受访学生反映全英文和双语授课比例在 10%左右；受访学生对课程内容的国际化、教学手段国际化、较园扭转国际化的满意度较低；对国际交流项目的选择以"与留学生进行联谊"或"海外短期游学"居多。

（2）高校国际化人才培养存在的主要问题

高校国际化人才培养存在的主要问题是培养理念与培养实效之间的差距，这种差距高校培养的国际化人才在实际工作中存在"不够用""不堪用""不能用"等问题。

从综合性研究型大学培养国际化人才存在的问题来看，一是综合性大学外语专业的外语授课课时有限，一般低于学生掌握一门外国语言所需的最少课时，导致大多数学生在对外交流时语言能力方面难以应付自如；二是综合性大学还没有实现语种多元化发展，语种分布明显滞后于国家对外交往的实际需求。从外语类院校培养的国际化人才存在的问题看，对经济贸易、中国文化等通识类知识的掌握是相对薄弱的环节，如何以对方语境表达中国观点和中国立场的能力不够。无论是综合型院校还是外语类院校，在学生跨文化交流能力方面的培养力度还需要加强，跨文化类课程的设置还需进一步丰富。

从高职院校国际化人才培养存在的问题看，一是许多高职院校国际化人才培养工作启动时间不长，国际化人才培养经验缺乏；二是高职学院一部分领导与教师缺乏国际视野和国际理解能力，对如何培养国际化人才还没有清晰的思路与策略；三是高职院校"走出去，请进来"力度不够，国际化合作办学力度不够，招收国外留学生的数量偏少；四是国际化人才培养的标准还不清晰，高职院校需要培养什么类型、什么层次的国际化人才在理论上辨析不够，实践中有些混乱，培养的过程管理不够严谨到位，培养的结果评估还没有严格科学地实施；五是高职学生基于自身学习能力基础等原因存在不能或不愿继续学习的问题：如定波 TAFE 学院个别学生因第三学年未通过 TAFE 英语三级考试而无法进入专业核心课程体系的学习，同时也存在个别学生即便通过了考试也不愿继续学习的情形[18]。

三、装备制造业国际化人才需求与培养策略分析 （以工程机械为例）

（一）新常态下装备制造业企业实施国际化的必然性

新常态经济具有"中高速、优结构、新动力、多挑战"的特点，在新的经济环境下，中国已进入新常态经济状态，国家加快推进自由贸易区、"一带一路"倡议、制造强国和"高铁外交"等战略，为以工程机械、高铁为代表的高端装备制造企业走出国门，参与国际竞争创造了有利条件。高端装备制造企业面临着前所未有的国际化发展机遇，其内外部环境特点主要体现在以下几个方面：

一是高端制造装备全球市场需求旺盛。墨西哥、俄罗斯、泰国、英国、澳大利亚、印度、新加坡等国家积极推进以工程机械、高铁、精密机床为代表的高端制造装备发展计划，全球高端制造装备市场开始焕发出新的生机。这给我国的装备制造企业实现国际化带来了契机。

二是高端装备制造业高速增长将成为新常态。新一轮技术革命正在进行，装备制造业转型升级的步伐将大大加快，以工程机械等为代表的高端装备制造将成为新的经济增长点[19]。

三是国内政策导向优势明显。党的十九大报告指出：加快建设制造强国，加快发展先进制造业，推动互联网、大数据、人工智能和实体经济深度融合，支持传统产业优化升级，加快发展现代服务业，瞄准国际标准提高水平。促进我国产业迈向全球价值链中高端，培育若干世界级先进制造业集群。同时基于《中华人民共和国国民经济和社会发展第十三个五年规划纲要》，国家制定出台了《中国制造 2025》《国务院关于深化制造业与互联网融合发展的指导意见》《智能制造发展规划（2016—2020 年）》等，为高端装备制造业的发展明确了任务，指明了方向，必然推动高端装备制造业走国际化的道路。

三是高端装备优势突显。在中国社科院发布的产业蓝皮书中指出，中国制造业正在步入一个向中高端迈进的新发展阶段，传统劳动与资源密集型产品的优势正在逐步弱化，中高端技能与技术密集型产品的优势正在爬坡积累[20]，高端装备制造业作为代表之一，其技术和市场优势显著。

四是借高端装备造"国际名片"。我国机械装备制造业保持了高速增长的态势，工业总产值年平均增速高达 30%以上。丹麦知名咨询机构 MAKE 发布调查报告说，"中国厂商的迅速崛起正在改变着全球机械产业的格局，到 2016 年，中国市场占据全球市场装机量的 38%左右"。同时，"一带一路"倡议有效推动了工程机械海外出口，随着全球工程机械市场回暖，美国加大基础设施建设，加上国内工程机械企业海外布局逐步深化，未来海外市场增长预期较好。因此，以工程机械为代表的高端装备制造企业走出国门具有坚强的后盾。

（二）装备制造业国际化人才培养的行业背景

从全球范围来看，新兴经济体持续健康成长为全球工程机械行业的发展提供了机遇，特别是我国经济的快速发展，吸引了国际知名的工程机械企业纷纷进入。随着我国综合国力和制造技术的不断提高，国内的工程机械企业迅速壮大，工程机械产品出口日益增加，国际间工程承包、劳务输出等项目越来越多。

目前，三一重工建有 30 个海外子公司，业务覆盖达 150 个国家，产品出口到 110 多个国家和地区。中联重科海外公司业务已覆盖到全球 60 多个国家和地区。山河智能与国外 100 多家代理商共同建立了基本覆盖全世界的营销服务网络，产品已经遍布全球 60 多个国家和地区。徐工科技已经建立 40 个分支公司和办事处、300 多家经销商、500 多家签约服务商、产品已销售到 177 个国家与地区。据海关总署数据整理，2017 年 1 至 10 月我国工程机械进出口贸易额为 194.14 亿美元，同比增长 17.7%。其中进口金额 33.06 亿美元，同比增长 23.8%；出口金额 161.08 亿美元，同比增长 17.6%，贸易顺差 128.02 亿美元，同比增加 18.92 亿美元。同时，"一带一路"倡议仍是工程机械的主要增长点，2018 年海外出口预计增长 10%以上。高端装备制造企业海外业务的不断拓展，加速了工程机械产业生产、销售及服务的国际化。这就对在工程机械产业海外拓展人才培养质量、数量及其结构方面提出了更高的要求。

（三）装备制造企业海外拓展战略对国际化人才的新需求（以湖南地区为例）

近年来，湖南大中型机械装备制造企业的自主创新能力进一步增强，产品升级速度加快，生产能力继续扩张，越来越多的企业向海外拓展的步伐在急剧加速。

三一重工：在印度、美国、德国、巴西相继投资建设工程机械研发制造基地，成立了全资子公司——三一海外（Sany Overseas），具体负责集团所有产品的全球业务拓展；三一重工在全球已拥有 30 个海外分公司，业务覆盖达 150 个国家，销售额累计超过 10 亿美元，超过 1300 多名研发、营销和专业人员常年在海外为全球客户提供一流的产品和服务。

中联重科：成功并购了 CIFA，并注册成立全资子公司——中联海外公司，作为中联重科海外销售统一的业务平台，海外公司承担着以自主品牌拓展国际市场的重任，伴随中联重科的国际化步伐，海外公司业务已覆盖到全球 60 多个国家和地区，产品远销中东、南美、非洲、东南亚、俄罗斯，以及欧美、澳大利亚等高端市场。目前，公司已在阿联酋、澳大利亚、俄罗斯、印度、越南等 10 余个国家成立了子公司，并在阿尔及利亚、南非、沙特、智利、乌克兰等 20 余个国家设立了常驻机构，同时以阿联酋、比利时等为中心，正逐步建立全球物流网络和零配件供应体系。

山河智能：通过职业化的营销服务团队、遍布国内外的办事处、国内外强大的代理商网络、服务中心使集团产品畅销国外，现产品已批量出口到全球 60 多个国家和地区；SUNWARD 商标已在全球数十个国家注册。

晟通科技：是中国有色金属工业 50 强、湖南省"十一五"发展规划重点培育的"原铝生产加工"产业集群的龙头，现已形成年产值过 100 亿元的规模，2011 年 9 月跻身中国企业 500 强，它将在现有产业基础上，向上下游延伸，构筑产业链，进军国际市场，2012 年实现年产值达 200 亿元，2015 年实现年产值突破 500 亿元，成为具有国际一流管理水平和较强核心竞争力的世界知名企业。

以三一重工、中联重科、山河智能、晟通科技等为代表的湖南大中型机械装备制造企业的海外业务与投资都不断拓展，加速了湖南机械装备制造业企业生产、销售及服务的国际化进程。与此同时，由于国际化人才培养起步较晚，湖南全省各职业院校在海外人才培养质量、数量及其结构方面远远跟不上机械装备制造业企业海外发展人才的需求，需要大力加强高端制造业国际化人才的培养。

（四）工程机械国际化人才岗位及岗位要求

通过对市场的调研，我们发现三类企业对工程机械海外拓展人才有强烈的需求。第一类是工程机械生产与维修企业：本土企业海外扩张需求的海外营销人员、产品经理、售后服务工程师等，外资企业在国内建厂需求的工程师和售后服务工程师等。第二类是国内的海外工程承包企业：主要需求工程机械操作人员和维修人员。第三类是对外劳务输出部门：主要需求工程机械制造、操作和维修等各类人员。

工程机械海外拓展人才的岗位名称、职责与要求总结，详见表 2-4。

表 2-4 工程机械海外拓展人才的岗位名称、职责与要求

职 位 名 称	工 作 职 责	任 职 要 求
海外营销代表	负责海外市场开拓、新客户开发和关系维护；海外代理商管理；企业品牌推广；销售谈判，合同签订	大专以上学历，熟练掌握英语、法语、西班牙语、日语或葡萄牙语，2 年以上国际贸易工作经验，形象气质好，有海外销售工作经历；工科背景，汽车、机械工程专业优先
产品经理	负责出口合同的贸易条款评审；协调工厂生产备货	大专以上学历，机械专业或者国际贸易专业，1 年以上工作经验
产品推介工程师	负责公司产品推介、品牌推广活动组织、客户来访接待推介	大专以上学历，机械相关专业，外语流利，形象气质佳，小语种优先
国际售后服务工程师	设备故障维修，客户关系维护，CSM 系统报工，配件计划提报	大专以上学历，机械专业，英语 4 级以上，有海外工作经验优先
外文资料工程师	负责工程机械产品英文技术手册编撰，标杆企业资料研究	大专以上学历，英语笔译功底深厚，有技术资料翻译工作经验优先考虑

通过对企业的调查发现，企业对学生的要求相对较高，除具备工程机械专业应有的能力以外，还需要具有较强的外语听、说、读、写能力；熟悉知晓外贸业务知识及操作流程；具备较强的口头及书面沟通能力和商务洽谈能力；有较强的责任心和上进心等。这就意味着工程机械专业的海外拓展人才培养属于精英教育，需要组建专门团队进行培养。

（五）装备制造企业国际化人才培养思考

（1）加强和创新专业建设，加强师资队伍建设，不断完善装备制造业国际化人才培养模式。

第一，"请进来"：校企合作是高职院校谋求自身发展、实现与市场接轨、大力提高育人质量、有针对性地为企业培养一线实用型技术人才的重要举措，是当前我国职业教育坚持的发展之路。装备制造类高职学院"国际化人才培养"需积极引进高素质专业教师和业内知名专家、教授、企业

家，不断深化与大中型机电企业的校企合作关系，实施校企深度合作，建立稳固的国家化人才培养校外实训基地，不断深化与省内大中型机电企业的校企合作关系。如可考虑在学校建设大型机电企业校内业务拓展部，让学校和企业的设备、技术实现优势互补、资源共享，依据"合作办学、合作育人、合作就业、合作发展"的原则，与企业实施深度合作，为项目建设的成功实施提供师资、实训条件和就业支持。

第二，"走出去"：形成制度化，将现有老师有计划地送到外资企业或到国外机械装备制造业企业顶岗实习和挂职锻炼，提升教师业务水平和专业技能，同时积极寻找与省内外大中型机电企业开展校企合作的机会，装备制造类高职院校应该积极"走出去"，主动寻求与省外大中型机电企业（如徐工科技、桂柳工、辽宁朝阳、常林集团等)开展校企合作，全面拓宽"国际化人才"的就业渠道和单位，确保人才高质量就业。

第三，积极开展"双语"教学活动，增加外籍教师数量，提高外籍教师素质，科学整合院系师资资源，加强"国际化人才培养"师资队伍培训，强化师资队伍建设。

（2）调整课程结构，强化专业教学，在教学实施中加大外语口语和应用的教学课时比重，改革外语教学的方法，增加外籍教师英语授课时间，充分挖掘装备制造业高职院校内部海归派教师资源，将各国海归回来的教师统一分配外语教学和辅导课时，把所有外语教师资源统一整合，与外教一起，形成一种课外辅导学习制度，固定在几个晚上在校园内定点开展英语角和其他外语角活动，重点培养学生听力、口语交流能力、翻译能力和应用能力，确保外语教学的延续性，同时加大日语、韩语、德语、法语等第二外语等职业拓展能力课程教学，提高学生的外语口语水平和听、读、写、译等外语应用能力，大力打造国际化人才。

（3）根据国际化人才培养要求，加大投入，科学设计，建好先进的装备制造类国际化人才培养校内实训基地，完善实践教学环节，注重能力培养，增开专业拓展课，由业内知名专家、教授、企业家主讲，开阔学生眼界，拓展专业知识，不断优化课程体系；加强课程建设调研，聘请行业、企业专家参与指导，高质量完成专业特色课程的课程开发和建设任务。同时严抓教学管理，丰富课堂教学组织形式，改革课程教学方式和课程考核方法，构建科学的教学评价体系，提高教育教学质量。

阅读资料

世界舞台上，有了教育"湘音"

在夏季平均气温高达40℃的"世界火炉"喀士穆，为了传授技能给学生，接受着停水停电7天7夜的挑战；看到学生营养不良，中国妈妈将自己的营养餐留给不同肤色的孩子……曾经被视为高考落榜生才去的高职院校，如今打了个漂亮翻身仗：在世界的舞台上，人们听到了越来越多的湖南职业教育人发出的"湘音"，他们用故事和技能，描绘着新时代高职教育的新形象。

日前，记者从湖南省教育厅公布的《湖南省高等职业教育质量年度报告（2018）》看到，越来越多的湖南高职院校走出国门，向世界输出"湘式职教"品牌。

一、传技能，"世界火炉"挑战着身体极限

在苏丹首都喀土穆一所由中国援建的职业培训学校的实训车间，机器本应飞速运转，然而却因当地师资力量薄弱，这些高投入的机器变成了"哑巴"，蒙上厚厚的灰尘。然而，一批湖南高职院校教师的到来，让这里恢复了生机。当地长期上课无教材、无课程标准、无人才培养方案，传授技能仅凭经验的教育培养模式，也从此画上了句号。

这所学校名叫恩图曼友谊职业培训中心。2016年11月，湖南外贸职业学院副教授徐喜波和其他15名教师因参与了中国援苏丹项目来到了这里，他们为当地的教师提供为期两年的技能培训。

"如果让我免费来这里旅游，我也不会来！"有人曾这样形容苏丹。这个位于非洲东北部的国家，因全年有两个夏季，且平均气温超过 40℃，被称为"世界火炉"。恶劣的环境无不挑战着每一位异国他乡的来访者的身体极限。刚到的第 3 天，它就给了徐喜波和同伴一个"下马威"，一名老师因感染症疾不幸住院。一年里，一行 16 人中因身体各种不适入院治疗的达 13 人。援教期间，他们还曾因当地供水供电不稳定，遇到了停水停电 7 天 7 夜的挑战。

不过，在肩负的使命面前，这些都不是事儿。目前仍在苏丹援教的徐喜波接受了记者的跨国电话采访。他介绍，学校是中国 1989 年援建的，2013 年，经中国投入千万元提质改造后，学校的硬件已相对完善，可师资非常薄弱，导致许多现代实训设备成了摆设。落后的学生培养方式更是狠狠地将这所学校打入了"冷宫"。

"与这所学校只有一墙之隔且有用人需求的中资企业，竟然都不知道这里还藏着一所学校。除了这所学校，我们调研还发现，苏丹职业教育的整体水平仍然较低，而且规模和层次也远不能满足苏丹经济社会发展对技能型人才、职业教育的需求。"眼前的一个个问题，激发了徐喜波和同事们的强烈使命感，他们甩开膀子，如同当地的天气一样，火热地干了起来。

学校缺乏校园文化气息，他们就积极构建文化，并与喀土穆孔子学院合作，在学校推广汉语和中国传统文化。在课程方面，为学校开设了 9 门课程，平均每位老师承担 200 余课时的繁重教学任务。此外，他们还编写了教材、课程标准、人才培养方案等涉及 61 项内容的教学规划，终结了学校的"三无"历史。

经过该专家组成员的努力，这所"潜伏"多年的学校终于获得了新生。2017 年 8 月，正值高温酷暑天气，却挡不住前来报名的学生的热情。"恩图曼友谊职业培训中心火了，报名截止的日期延长了一天又一天，成了苏丹招收学员最多的培训中心之一。"徐喜波欣慰地说，此行，不仅代表了国家，也代表了湖南的职业教育走出国门。

二、传文化"湘式职教"与世界接轨

走出了国门，作为一名老职业教育人，徐喜波欣喜地看到了湖南职业教育的发展：已由过去向发达国家引进资源，逐渐转变为走出国门与世界接轨，并在世界职业教育这个大舞台上，发出了湖南高职教育的"湘音"。

"放在以前，这简直是件不可想象的事。"谈及近年来学校在国外的影响，湖南铁路科技职业技术学院教师李清感触很深。目前湖南铁路科技职业技术学院已建立"肯尼亚培训中心"等 3 个境外办学机构，推进跨国技术技能人才培养。另外，还与泰国斯巴顿大学合作，成立了"东盟（泰国）铁道学院"，面向东盟国家籍学生招生。

"这得益于祖国的强大以及'一带一路'倡议，让我们高职院校有了走出国门输出职业教育，扩大湖南职业教育影响力的更多机会。同时，对于学校本身而言，也有着重要的促进作用。"李清说，国外的学生在课堂上积极发问和钻研的精神，无疑对授课老师提出了更高的要求，老师除了掌握教科书里的内容，还必须拓展知识面，从而促进教育教学。"要给别人一碗水，自己要先有一桶水。"李清说。

湖南职业教育走出国门时，会产生哪些积极影响？徐喜波有着这样的解读：一方面有利于向外输出中国的技术产品，在世界范围内建立起中国的技术和职业标准体系；另一方面可以满足在国外的中资企业的用人需求。同时，教育是文化的一部分，通过文化的输出，不仅可以增进国与国之间的友谊，还可以打造湖南本土职业教育品牌。目前，徐喜波和团队成员正致力于将所在的培训项目打造成我国职业教育"走出去"的样板和经典。

三、传爱心学生成肯尼亚首批女机车司机

教师不仅是知识和技能的传播者，还是灵魂的塑造者。有一批湖南高职院校的教师，源自母性本能地关爱着不同肤色的孩子，让孩子们多了一位中国妈妈；有的为了不耽误学生上课，在艰难的取舍中，给自己留下了终身遗憾。

尽管回国快一年了，李清还清晰地记得在肯尼亚援教的日子。今年已经 51 岁的她，在 2016 年、2017 年连续两年与学校的其他几名专业教师，受邀前往肯尼亚铁道培训学院给机车、运输管理、通信等专业的当地学生培训职业技能。在那里，她主要负责课内外的翻译工作，班上的学生均是大学毕业生，有的还来自肯尼亚最好的大学。学生们虽然都已成年，但在李清的眼里，他们就像自己的孩子。

"由于许多孩子的家里有多个兄弟姐妹，家庭条件并不好，有时候一根香蕉就是一顿中餐。"平日里观察到的小细节，让李清感到有些难过。为了给孩子们增强营养，她和同行的老师常常将学校配给他们的营养餐留出一部分给这些贫困孩子。有一次，当得知学生一天没吃饭时，她自掏腰包给孩子们买食物。

"我也是一名母亲，如果我得知自己的孩子一天没吃饭饿肚子时，我肯定会很难过。"李清本能的母爱，让这些学生多了一位中国妈妈。虽然现在李清已经回到了中国，学生们还会常常与她联系，在信息中亲切地称她为"Mother（妈妈）"。令李清感到骄傲的是，她班上的 4 名女学生还成为了肯尼亚国内首批女机车司机，改写了她们和家庭的命运。

感人的故事还有很多。李清在肯尼亚的室友葛婷婷是随行翻译。小时候，因为父母忙于工作，葛婷婷由奶奶一手带大，两人感情非常深厚。在肯尼亚期间，她每周都会和奶奶视频，然而，一次视频中，家人的支支吾吾让她有种不祥的预感。在她一再逼问下，家人才道出了实情："奶奶去

世了，为了不耽误你的工作，我们只好向你隐瞒。"生命中最爱的人突然离世，带来的遗憾和痛苦犹如一把尖刀直刺葛婷婷的内心。

是继续留在肯尼亚给学生上课，还是赶快回国送奶奶最后一程？经过一夜的挣扎，葛婷婷最终选择了前者。"为了不耽误工作，她留下了终身的遗憾，这无不感动着我们所有人。"李清说。

记者从《湖南省高等职业教育质量年度报告（2018）》看到，除了湖南外贸职业学院、湖南铁路科技职业技术学院，还有湖南高速铁路职业技术学院等越来越多的具有特色的湖南高职院校"走出去"，服务"一带一路"沿线国家。数据显示，2017年，湖南高职院校在肯尼亚、马来西亚等"一带一路"沿线国家建设技能人才培养基地，由2016年的2个已增加至4个。培训国（境）外人员数由2016年的3373人次已增加到7312人次，其中"一带一路"沿线国家5729人次。

"随着祖国的不断强大，我们高职院校也将会迎来更广阔的世界舞台。"李清信心满满。

摘引自长沙晚报（2018.3.20）

参考文献

[1] https//baike.baidu.com/item/人才/34170?Fr=aladdi.

[2] 郑晓明．人力资源导师论[M]．第三版．北京：机械工业出版社，2001．

[3] 佘仲华，朱志胜．高层次人才界定探析[J]．中国卫生人才，2016（08）．

[4] 梅晓文等．HR管理标杆[M]．上海：复旦大学出版社，2006．

[5] 李维平．人才强调理论探索与战略研究[M]．北京：中国人事出版

社，2011.

[6] 张淑芳. 高等教育国际化的内涵及评价体系[J]. 现代经济信息，2014（02）.

[7] 汤贞敏. 广东国际化人才培养的态势与应对策略研究[J]. 高教探索，2016（04）：9.

[8] 丁进. 浅析国际化人才的定义[J]. 人才资源开发，2010（03）：30.

[9] 王耀辉. 人才竞争：海外看中国的人才战略[M]. 北京：东方出版社，2011.

[10] 董鸣燕. 人才分类与高层次应用技术型人才界定[J]. 世界教育信息，2015（24）：65.

[11] 薛松. 中国南车国际化人才队伍建设研究与探索[D]. 成都：西南交通大学，2012.

[12] 张金城. 中国装备制造业走出去战略研究[J]. 国际贸易，2015（09）：39.

[13] 杨家辉. 特变电工国际化人才队伍的培养研究[D]. 大连：大连理工大学，2013.

[14] 蔡其明. 中国—东盟自贸区背景下广西国际化人才需求现状及高校培养对策[J]. 教育观察，2013（31）：40-43.

[15] 陈海燕. "一带一路"战略下我国国际化人才培养的现状、问题与出路[J]. 北京教育，2017（05）：15-16.

[16] 买琳燕. 高职院校国际化人才培养模式的内涵与构建[J]. 职教论坛，2014（01）：49.

[17] 张驷宇. 青岛市高职院校国际化人才培养模式调查研究[J]. 知识经济，2017（06）：132-133.

[18] 张慧波. 宁波高职教育国际化实践探索与分析[J]. 职业技术教

育，2014（01）：64.

[19] 蓝兰. 全国铁路建设"十一五"回顾及"十二五"展望[J]. 交通世界，2011（10）：36-45.

[20] 刘开启. 中国高速铁路规划与发展对部分产业的影响[J]. 物流技术（装备版），2010（10）：43-47.

第三章 装备制造业国际化技术技能人才培养模式

一、装备制造业国际化技术技能人才需求实时传感体系的构建

（一）构建人才需求实时传感体系的背景

目前，我国在世界经济社会中发挥着重要的作用，与世界各国的经济文化交流也日益增多[1]。在对国民经济发展举足轻重的装备制造业中，越来越多的企业走出国门，参与国际化竞争，将资本、产品、服务、标准输出到世界各地。然而，作为活跃在国际市场的中国企业，普遍存在与技术高速发展不相适应的国际化人才匮乏的问题[2]。对于已经"走出去"的企业和拥有国际化愿景的中国企业而言，国际化技术技能型人才的缺口严重制约了"走出去"的步伐和国际竞争力的提升。

从人才供给角度来看，国内职业院校的人才培养与人才需求不对接的问题还普遍存在，人才供需的结构性矛盾没有根本解决。而企业对国际化人才在能力素质上有着特殊的要求，即使部分职业院校在国际化人才培养上做过一些努力和探索，但培养质量仍难以满足企业"走出去"的发展需求。导致这一问题的一个根本原因就是学校未能及时有效地跟踪企业对人才需求的变化。世界范围内的竞争迫使企业不断升级产品和技术，改变生产组织方式，相应的涌现了很多新业态、新工种、新岗位。相同类型岗位

也因技术进步和生产组织形式变化，对能力素质结构提出了新的要求。职业院校如果不能及时把握这些变化，适时调整人才培养目标，优化课程体系，更新教学内容，必然导致人才供需"两张皮"的问题。

因此，保持校企之间在人才需求和技术发展变化信息反馈上的通畅渠道，建立适时跟踪企业人才需求变化的传感体系，是提高国际化人才培养质量，确保人才供需对接的一项基础性、关键性工作。

（二）人才需求实时传感体系的基本要求

职业院校搜集人才需求信息所建立的信息渠道，所构建的人才需求实时传感体系应当具有以下基本要求：

1. 实时性

信息反馈具有较高敏捷性。技术进步和发展速度越来越快，相应的人才需求变化也较快。要求人才需求传感体系的信息反馈能实时地反映出需求变化，为学校调整培养目标和策略提供依据。

2. 准确性

信息来源要真实，分析方法要科学。通过传感体系获取和分析的人才需求信息尽可能如实地反映出企业和市场真实需求情况，尽可能减少两者之间的差异程度。采用科学的信息分析、处理方法，确保得到真实的结果结论。传感体系的准确性高，才能帮助学校了解国际化人才培养的新要求、新任务，进而指导国际化人才的培养方向，指导人才培养模式、课程体系、教学方式等方面的改革创新。

3. 可靠性

信息传输体系稳定，过程通畅。作为一个信息反馈分析体系，要有多条信息反馈的途径或通道，避免一条通道因偶然因素阻塞而使系统无法运行。在保证系统正常运行的前提下，还要尽可能减少中间环节，减少信息传递的干扰因素，防止信息丢失、失真等问题。

4. 双向性

能够通畅地反馈校企双向信息。企业的需求信息能反馈到学校,人才培养的效果、建议等各方面的信息也应能反馈到学校。同时,学校的办学信息,对企业在人才培养方面的合作要求也能反馈给企业。双方以信息沟通为前提,强化合作,实现共同育人,协同发展。

5. 共享性

传感体系和结果能向社会和第三方共享,实现更大的社会效益。传感体系的构建必然产生人、财、物资源的消耗。在保护相关方利益和秘密的前提下,尽可能地为合作方以外的第三方提供服务,实现成果共享,更好地服务职业教育人才培养和企业职工培训,支撑企业技术升级发展。

(三)装备制造业国际化技术技能人才需求实时传感体系的核心构成

获取企业人才需求信息的渠道很多,对于着眼培养国际化人才的职业院校,更需要综合考虑各种传播途径的特点,能有效地反映出企业对国际化人才的需求。装备制造业国际化人才需求实时传感体系的构建采取了定点监测与定期调研、访谈、专家指导、网络信息分析相结合的方式。其中,调研指通过实地考察的形式,全面了解企业对国际化人才需求状况。访谈是指与企业人员通过交流、发放并回收问卷、电子邮件、微信沟通等方式,了解对国际化人才的能力素质、培养定位等方面的内容。专家指导是指邀请企业行业的知名专家,针对就国际化人才的需求现状和变化趋势、国际化人才培养模式等内容进行具有代表性的指导。网络信息分析是指通过网络方式、搜集、研究相关文献资料,为国际化人才需求状况提供理论依据和参考,确保时代性和创新性。

传感体系的核心是企业岗位监测站。在不同类型和区域的外向型先进装备制造企业设立企业监测站,在各监测站建立一支稳定的监测团队,及时反馈新技术应用、发展和相关岗位需求、能力要求变化情况。具体包括企业现代制造新技术、新工艺、新设备的应用动态,技术升级改造、自动化生产线改造等情况和发展趋势，驻外生产、技术、服务岗位和先进制造技术等相关就业岗位的数量、结构需求变化，就业岗位工作职责、工作流程、工作内容的调整变化。校企双方为确保监测站的有效运行，要在人员、运行资金、技术信息等各方面提供保障，并充分共享。

监测站还协助学校到企业进行现场调研、毕业生跟踪调查、人才培养质量评价等调研工作，提供原始数据。学校指定专门的联络人负责指导监测站的建设和运行，负责监测站的日常联络、数据统计、信息收集和分析整理工作。企业指定相关人力资源管理或技术管理人员为专门的联络人，并组成一支由人力资源管理人员、技术人员、生产管理人员、操作岗位人员等组成的监测团队。企业联络人负责组织本企业信息收集、汇总和反馈工作。

依据香农-韦弗传播模式，监测站的信息传播过程可用图 3-1 表示。

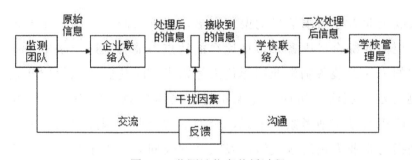

图 3-1　监测站信息传播过程

（四）装备制造业国际化技术技能人才需求实时传感体系的基本运作

针对国际国内装备制造企业，就制造类专业人才的就业岗位结构与需求信息、装备制造技术应用动态、技术改造情况进行定期反馈。由监测团队每年根据与学校约定的具体时间填写和汇总企业制造技术发展应用与人才需求调查表、企业岗位能力素质要求调查表、毕业生跟踪调查表等相关调研表格，通过电子邮件或快递方式反馈给学校联络人，进一步分析和整理。

对新技术应用和技术升级改造引起的岗位结构、数量需求变化和岗位工作内容、工作流程的调整做出趋势性判断，并通报学校。及时通报相关信息，以便专业能及时跟踪相关信息，把握行业技术发展线索。对企业所了解的本行业的技术发展动态和岗位需求变化情况向学校进行通报和反馈。

对学校组织的企业人才需求和岗位能力现场调研、毕业生跟踪调查、人才培养质量评价等其他活动提供协助。学校将经过统计、分析所形成的国内外装备制造行业企业技术发展动态、人才需求调研报告、岗位缺口预警信息等成果通报企业。并可发布在相关机械装备职业教育集团或行业协会的网站或刊物上，为企业进行技术改造和人力资源规划提供决策依据，也可为其他职业院校调整人才培养方案提供参考。

（五）人才需求实时传感体系运行案例——以湖南工业职业技术学院数控技术专业为例

1. 实施背景

数控设备已经在装备制造业企业普及，数控技术的更新升级不断提速，企业对数控专业人才的能力素质要求也在不断提高。准确把握人才需求变化趋势，适时调整人才培养方案是提高专业建设水平和人才培养质量的基本前提。学院数控技术专业是国家级试点、省级示范性特色专业，在专业动态调整机制上进行了不断完善和创新，逐步形成了以"定点监测+定期调研"为基础的人才需求调研机制和"专家指导+团队论证"的人才培养方案调整机制。

2. 实施过程

（1）构建人才需求实时传感体系，形成信息定期反馈和及时通报机制

从2011年开始，专业团队就与合作企业构建人才需求实时传感体系。比如，在原有共建实习实训基地、员工培训等合作内容的基础上，扩展合

作内容，单独设立企业岗位监测站，完善人才需求实时传感体系。该体系考虑企业的产业、类型和地域分布精心布点，共与中联重科、江麓集团等50家典型企业签订岗位监测站合作协议，明确相关职责与工作内容，规范运作流程，每年定期反馈专业岗位需求和技术发展动态。企业有重大岗位需求变化或生产组织与技术改造、设备更新等信息，则及时通报专业团队。

（2）设置明确的组织与实施机构，建立稳定的企业监测与反馈队伍

数控技术专业指定专门的联络人负责指导监测站的建设和运行，负责监测站的日常联络、数据统计、信息收集和分析整理工作。各企业指定一名人力资源管理或技术管理人员为专门的联络人，并组成一支由人力资源管理人员、技术人员、生产管理人员、操作岗位人员等组成的3～5人的相对稳定的监测团队。目前34家企业共有135名监测员。监测企业联络人负责组织本企业信息收集、汇总和反馈工作。对学校到企业进行的现场调研、毕业生跟踪调查、人才培养质量评价等其他活动提供协助。三年定期提供人才需求调查表、企业技术应用调查表共170份，协助接待专业调研46次。

（3）定期开展专业调研，深层次把握企业需求

专业团队在定期获取和分析岗位监测站的反馈信息后，每年利用假期组织专业团队成员深入企业，共计97人次参与调研，与人力、技术、生产等部门管理者和一线员工开展座谈或个别访谈，回收企业人才需求调查表和企业技术应用调研表199份，回访毕业生120多人，进一步明确人才需求的具体要求、岗位的工作流程或内容。面对面听取企业对人才培养和课程教学内容的意见，分析现有培养模式和课程体系的缺陷。参加企业顶岗实践的教师同时也是调研成员，通过企业人员的沟通，结合自身体验深入认识职业岗位要求，并反思现有培养模式、课程体系的问题和解决途径。

（4）集中研讨，团队论证，分析企业岗位需求，优化人才培养方案

通过系统分析岗位监测站反馈的信息和定期调研取得的数据，了解核

心就业岗位和相关就业岗位知识、能力、素质结构，并进一步确定人才培养定位、培养目标和培养规格。在岗位分析的基础上，结合教学规律优化专业课程体系，并经专业教学团队的集体研讨和专业建设指导委员会的讨论审核，成为教学实施的依据。

3. 成效与经验

（1）形成了全面的人才需求实时传感体系

岗位监测站对装备制造企业先进制造新技术的应用、发展和相关岗位需求、能力要求变化情况进行及时反馈。具体包括企业现代制造新技术、新工艺、新设备的应用动态，数控技术升级改造、生产线改造等的现有情况和发展趋势，数控技术专业相关就业岗位的数量、结构需求变化，就业岗位工作职责、工作流程、工作内容的调整变化。从而，为人才培养和专业建设提供了及时全面的信息。

（2）重点把握省内数控人才需求特征并辐射到国内国际

2015 年以前，岗位监测站合作企业既包括中联重科等工程机械大型标杆企业，也包括开元仪器等电工电气产业上市公司、山水泵业等通用设备制造中小企业。既有长株潭等装备制造集中地域企业，也有益阳、岳阳等周边市区企业，充分体现了湖南产业区域的分布特点。监测站企业性质涵盖外资企业、国有企业和民营企业，以便掌握其岗位能力需求变化的趋势和工作过程的异同，按企业对数控技术专业人才所提出的新要求调整专业人才培养规格，形成适应湖南产业结构优化升级的专业动态调整机制。近几年，中国企业已经成为活跃在国际市场的重要力量，岗位监测站也开始向国际化企业延伸，比如德国博世公司等，取得了明显的成效，提升了装备制造业国际化人才培养质量。

（3）规范了监测站运作流程，实现了统计信息共享

在合作过程中，进一步完善了工作要求和流程。监测团队每年根据与学校约定的时间填写和汇总"企业制造技术发展应用与人才需求调查表""企业岗位能力素质要求调查表""毕业生跟踪调查表"等调研表格，通过

电子邮件或邮寄方式反馈给学校联络人，以开展进一步的整理和分析。对技术升级改造引起的岗位结构和数量需求变化、工作内容、工作流程的调整做出趋势性判断，并通报学校。

学校将经过统计、分析所形成的国际国内行业企业技术发展动态、国际国内人才需求调研报告、装备制造业岗位缺口预警信息等成果通报企业，从而为企业进行技术改造和人力资源规划提供决策依据。

（4）形成了规范的专业调研制度，完善了专业动态调整机制

通过"定点监测机制+定期调研机制+多方会商机制"的"三机制"，可以稳定及时地获取监测企业的技术发展动态和岗位需求信息，把握技术应用情况和人才需求的变化趋势，得出能力素质要求选项与变化情况，结合调研定性分析和主成分定量分析的方法，建立了"素质素养、专业知识、职业能力"三个维度，"价值判断、职业道德、国际文化、标准法规、外语交际、操作技能"六大重点指标的国际化人才能力素质模型，为合作各方在需求反馈、课程设置、培养实施和质量评价上提供了操作指导，引导课程设置等人才培养过程适时变化。

二、装备制造业国际化技术技能人才培养途径的创新

（一）国际化技术技能人才中外合作培养模式

1. 中外合作培养模式的作用和意义

以跨国企业为载体的经济全球化依然成为 21 世纪的突出象征，信息化的迅猛发展也为全球化提供了更为便捷的途径。国际化人才的巨大需求与少量供给之间的巨大矛盾使得加快加强国际化人才培养的重要性日益凸显，探索行之有效的国际化人才培养途径与方式已然成为实践界与理论界关注的重点议题。

全球化的视野以及国际化的知识及能力结构均是国际化卓越人才应当具备的。装备制造产业领域的国际化人才也是如此，过硬的专业知识与技

能是基础，全球化的视野认知与国际化的知识技能才是决定人才能否走出国门、走向国际的关键因素。国际化的意识、视野、知识与能力结构的形成必然需要依靠多元的国际化的教育来培养。在国际化人才的培养过程中，中外合作的重要性已然跃于纸上，中外合作办学的培养模式是培养国际化卓越人才的重要方法和途径。《国家中长期教育改革和发展规划纲要（2010—2020年）》中明确提出要进一步扩大教育开放，加强国际交流与合作、引进优质教育资源、提高交流合作水平。通过高水平的中外合作，取其之所长，补己之所短，来迅速提升我国职业教育的国际化水平，培养符合全球化背景下的国际化卓越人才，这是教育领域合乎时代的发展模式，也是一种极为便捷有效、极具可行性的发展路径。中外合作培养模式的主要意义在于：一是借助国外的优势教育资源，推动职业教育的的革新与自我优化；二是引入国外先进办学经验，引领我国职业教育走向国际化；三是以教育为平台，展现我国良好形象，促进各国间文化经济的交流与融合。

2. 中外合作培养模式的类型

中外合作培养又可称之为中外合作办学，国务院于2014年印发的《关于加快发展现代职业教育的决定》文件中提出并明确了我国职业教育要伴随中国企业和产品"走出去"的时代使命。《关于新时期做好教育对外开放工作的若干意见》一文中，明确了我国职业教育对外开放、培养国际化应用技术技能型人才的目标。尽管职业教育的对外开放起步较晚，却依然展现了良好的发展势头，积累了不少对外开放交流的经验。在中外合作培养项目中涉及中外合作办学、合作教学和合作管理等。从被培养者的角度出发，可将已存的中外合作模式大致归纳为如下具体类型：

（1）单校培养模式与双校培养模式

单校培养模式是指学生在一国境内（主要为我国境内）完成学习并获取合作双方的文凭与学位的培养模式。合作双方的合作体现在培养目标、教学方案、教学大纲和教材等的共同开发和制订、双方教师共同承担教学和指导工作，教学成果与教育评价的相互认可与认证。

双校培养模式是指学生在国内外两地共同完成拟定的培养计划。学生按统一的培养计划于境内与境外两地进行课业学习，达到标准要求后可获取合作双方的文凭与学位。"2+2""3+1"等就属于双校培养模式类型的具体化。

通常而言，在单校培养的中外合作模式中，学生压力较小、师生间沟通更畅通，外方师资的派遣与教学管理是重点问题。双校培养模式下，学生的经济生活学习压力变大，国内外双方能否实现有效对接是关键。相较于双校培养模式而言，单校培养模式在培养国际化人才方面明显存在一些制约。单校培养模式容易演变为引入外方教学资源或教师的课程导入，在培养全能型国际化人才上，仅仅只靠课程引入是不够的。因此，单校培养模式总体的教学质量低于双校培养模式。

（2）单文凭培养模式与双文凭培养模式

单文凭培养模式是指学生在学习过程中，依照中外两方学校地协定有计划地接受中外两方学校提供的教育和培养，在达到培养计划要求后，获得合作双方中某一方学校颁发的文凭和学位。由于此种模式只发放一方学校的文凭和学位，单文凭培养模式吸引力较小，受众面较为狭窄。

双文凭培养又称双学位培养。与单文凭模式相比，双文凭模式在学生通过考核要求后，同时发放中外两方学校的文凭和学位，在我国学历认证体系尚不健全的背景下，双文凭模式很好地规避了文凭认证的难题，对学生而言更有保障、更具吸引力。我国目前大多数的中外合作办学项目以采用此种培养模式为主。外双文凭和学位的获得可以直观地表现出被培养者的国际化教育背景，对被培养者之后的就业深造等各个方面均具有积极作用，所培养的学生在激烈的就业竞争环境中具备较高水平的竞争力。

以上模式是以培养者视角为出发点大致对现实中出现的合作项目进行归纳，在实际办学中中外双方合作的具体模式千变万化，合作模式可以依据双方共同商讨的合作协议来共同培养国际化人才，具有合意性与灵活性。在合作模式的选择上，应以选择符合中外合作双方的实际需求与合作协议为基准。

3. 中外合作培养模式存在的问题

由于双方在教育性质、办学理念以及具体教学等方面存在诸多差异，导致在合作过程中容易出现一系列矛盾与问题，这种矛盾是基于双方合作目的或观念上的差异而产生的，在合作过程中必然存在，需认真对待尽量避免。

（1）合作目的的偏移与异化

出于弥补自身实践教学的不足，中方职业教育院校在中外合作项目上多数情况下易忽视培养学生在国际化背景下应有的人文素质素养，着重技能的精进，亦或反之。过度倚重于外方教育资源中的技术实力对学生的影响，可能存在学生专业技能有余但底蕴不足的现象，学生有国际一流技术但缺乏国际化视野和创新变通能力，无法适应国际化趋势下市场对优质国际化人才的需求，缺乏长足发展的可能。另有部分职业院校无法正确摆正中外合作的地位，没有能依据双方需求与特长充分合作引入优秀资源。在功利性思想驱使下，将与外方职业院校合作当成是提升院校名声的一种快捷手段，没有结合自身的实际需求与培养计划，合作缺乏长期性的利益考量。

关于教育政治化的隐患。中外合作培养模式在实施中容易就办学政治化的问题存在冲突与争议。在合作过程中，不排除一些国家将教育交流看作实现政治目的的手段，企图在国际合作培养人才过程中传递其国家意识形态、价值观亦或是垄断技术市场。意图通过合作办学将其国家意志或直接或间接地注入到伙伴国家职业教育体系与青年人才思想之中，从而实现对合作国的职业文化以及技术水平的压制。部分发达国家的非政府组织也通过其挂靠的职业院校向我国职业院校派驻外籍教师，以达到向我国国内的职业教育系统的灌输思想与文化的目的[3]。

（2）教育理念的冲突

关于教育是否产业化的纷争。职业教育是否应当产业化也是中外合作中存有理念冲突的问题。以一些发达国家为例，其包括职业教育在内的高等教育已经作为一种优势资源产业向他国"出口"，职业教育的人才培养以及发展方向完全以市场需求为导向，教育已经被市场化、产业化。这些国家的政府将职业教育事业视为其优势教育产业来向各发展中国家推介，并从中谋求巨大的市场与商业利益。

反观我国职业教育，引入外方职业院校参与我国职业教育活动的目的是引入西方优秀职业教育理念和教育资源，通过与外国职业院校展开合作来学习外方优秀的教学管理模式和先进的课程教学内容与方法。提升国内高等教育的水平，实现高等教育国际化发展。2003 年颁布的《中华人民共和国中外合作办学条例》第三条规定，"中外合作办学属于公益性事业，是中国教育事业的组成部分。"由此可见，官方将中外合作办学的价值定位于公益性教育事业，并不赞成过度产业化。

（3）合作办学运营风险高

首先，中外在职业教育领域的合作涉及多个利益相关者，包括国内与国外职业院校、地方政府、企业、学生家长及教师等，各利益相关方的不同需求与价值取向的冲突将反映在合作办学各个具体流程中，由此将给中外职教合作办学项目的组织治理带来巨大风险。

其次，制度的不完善带来高风险。中外在职业教育领域的合作在我国还是处于新兴发展阶段，相应的法律规范及管理规范还有所缺失，这使得多方利益相关者的权利与义务没办法得到严格的约束与强效保证。在中外职业教育合作办学过程中的制度风险骤增、为利益冲突的激化埋下伏笔。

再者，中外合作办学仍存在不稳定性。市场化的办学机制固然赋予中外职业教育合作办学项目运营机制以更多灵活性，但也增加了中外职业教育合作办学项目的运营风险。中外职业教育合作办学项目本意为充分运用中外双方在职业技术人才培养中的优势与经验，各显所长，使国际化人才的培养更加便捷、高效。但中外合作培养人才仍处于初期阶段，容易遭受诸如办学机构性质、各方利益抵触、政策变动等众多潜在因素的干扰，这种人才培养模式的发展目前缺乏稳定性[4]。

（4）布局不合理，资源配置差异

由于中外合作项目具有一定的营利属性，在我国职业教育存在地域差异与专业差距的情况下，中外合作培养项目使我国职业教育的发展不平衡变得更加显著。地域上，中外合作项目主要集中于江苏、浙江、广东等沿海地区或经济发达地区，中西部发展较为滞后；专业上，合作项目主要以会计、国际商务、旅游管理、建筑工程技术等热门专业为主，覆盖一二三产业。

依据教育部中外合作办学监管平台数据显示，高等职业教育领域中外合作办学发展比较好的省市主要分布在长三角经济区、珠三角经济区和环渤海经济区，是中外合作办学的第一梯队。截至 2016 年 6 月，这三个经济区中外合作办学项目数占全国总项目数的 65%，累计招生数占全国累计招生数的 62%。截至 2016 年 6 月，西藏、宁夏、青海和甘肃没有高等职业教育中外合作办学项目。总体上，高等职业教育中外合作办学项目数、招生数和参与的院校数呈现出由沿海东部地区到西部地区依次递减的趋势[5]。除此之外，发展较好的各省市间也存在巨大差异。从累计招生人数来看，排名第一的江苏累计招生人数是排名第三的广东的 2.3 倍左右。这反映出同一发展梯队中，高等职业教育中外合作办学事业的发展也存在不平衡。具体到职业院校而言，各职业院校对外合作的差异可以说是天差地别。我国职业教育在教育资源配置上的地域差异并没有在中外合作进程中减小，反而进一步加大了。

一方面，外国优质教育资源进入明显带有经济或利益色彩，入驻经济发展水平较高的地区，选择与地域资源充沛的院校合作会为外方带来更为明显的收益。也就是说择优进行合作是符合外方利益需求的，中西部相对落后的地区如果不能在政策等其他方面形成优势则很难与东部沿海地区并齐发展。另一方面，我国地区间经济发展水平的巨大差异直接导致了地区职业教育发展水平的差异，中西部地区在教育以及其他配套建设资源上的不足直接导致了生源不足、吸引力不够等问题，影响了外国优势职业教育资源的进入，在中外合作项目上的引入上与东部地区在数量、质量上都处于落后状态。

中外合作办学在学科方向与专业建设中也存在资源配置不合理的现象。我国宏观经济涉足的产业领域覆盖面广，各产业领域对口的职业教育学科都有着强烈的与外方合作办学的诉求[6]。但职业教育领域中外合作项目存在重复引进浅层次的合作项目，专业设置趋同化明显、专业设置与地区经济发展相脱节、涉及专业多为以第三产业为主的热门专业。截至 2016 年 6 月，我国中外合作办学的累计招生人数排在前 15 的多为国内职业院校开设的热门专业，从累计招生数来看，排在前 10 的专业有会计、国际商务、旅游管理、建筑工程技术、酒店管理、电子商务、物流管理、软件技术、市场营销和机电一体化，这 10 个专业的累计招生数达到了 49704 人，占总累计招生数的 41%。大体而言，中外合作办学在专业领域上呈现重经管轻工农的倾向。其根源在于：一是职业院校对热门专业的加重投入能快速提升院校吸引力，更易于增加学校收益；二是我国职业院校的教育资源本身就相对匮乏，相比经管等热门专业而言，装备制造等工科类专业需要大量实训设备以及实习场地的资源投入，需要花费的资源与精力更多，投入大回报小。

（5）水平参差不齐，社会认可度不高

一方面，对国外教育资源的引进程度和层次不合理以及部分地区和院校为了快速提升知名度实现盈利目的，导致盲目引进中外合作办学项目，出现引进项目与地区发展水平和需求脱离的现象，造成教育资源浪费。另一方面，合作门槛标准不一，缺乏严格的考察机制，导致非优质教育资源的引入，鱼龙混杂，严重影响中外合作办学的整体声誉及吸引力。市场对于中外合作办学的认识和看法不一，加上一些违规办学机构的负面影响，导致出现"花钱买分上名校"等不良评价，影响合作办学的社会认可度。

且中外合办专业对学生的家庭经济条件有所要求，求学成本较高，在形势并不明朗的情况下使得项目难以全面推进。

4. 优化建议

（1）端正合作目的，明确方向

合作各方应明确中外职业教育合作项目是以满足国际化用人单位的需求为最终目标的，在学科建设与专业设置上应当突出市场需求导向，既要注重热门专业的发展也要对新兴产业的需要有所了解。

（2）建全准入退出与监督体系

在中外合作项目的审批上，我国政府主要参考中外合资企业的审批程序进行审批管理，主要考察资金管理等问题，对培养目标、招生计划等仅实现备案审查制。随着我国职业教育领域对外开放的深化，应当由数量指标逐步转向质量指标，要逐步提高中外合作项目的准入门槛，完善退出机制，建立良好的信息交互机制，规范信息公开机制，加强监督管理体系。

（3）实施政策优惠

由少数试点单位取得中外合作办学的成功经验后，应当逐步向职业教育较为落后但市场需要旺盛的地区进行成果扩散，配合相应政策优惠，吸引优秀外国职业教育机构入驻，加强合作。

（二）国际化技术技能人才校际合作培养模式

1. 校际合作培养模式的概念

校际合作培养模式一般是指在一国境内通过职业院校间建立合作关系，依据协议规定通过学生互派、教师互聘、学分互认、联合研究以及资源共享等各种方式，共同培养学生的人才培养模式。该培养模式是依托院校间的合作关系来进行人才培养的，其主要目的在于通过教学、师资、科研等方面的合作，实现资源共享。目前职业院校校际合作关系涉及联合培养、跨校选课、师资交流与培训、教材交流、教学设施等资源共享、科研合作等。

不同于学校合并，校际合作的特点是各合作学校在合作培养过程中保持相互独立的身份，学校的财政、招生、管理等均不受合作他方的影响，各方仅就合作协议所规定的权利与义务进行交流合作。即使是合作十分紧密深入的职教集团，其性质也是多法人的一个联盟性组织，校际合作的关系较学校合并更为简明，校际合作有利于克服区域发展差异，提高教育资源利用率，实现职业院校的共同发展，增强职业教育的社会认可度。

2. 校际合作培养模式的意义与价值

一方面，为了应对国际化进程的快速发展，培养合格的国际化专业人才；另一方面，为了突破教育资源有限的制约，校际间形成联盟，合作培养人才已成为常态。职业院校校际合作在教学、实训、科研等方面建立合作关系，扩大了教育场域，使教学空间得以扩张与延伸，实现了教育的流通性，校际互助不仅提高各校的教育资源惠及学生老师，还能营造一个开放的共享的教育环境，为多元化的国际化卓越人才的培养提供优渥的条件。

校际合作有利于营造开放的教育场域。职业院校在资源共享、教学实训、学生培养等方面建立合作关系，意味着消除了学校之间的"围墙"，将各个职业院校、高等学府相互连接起来，将拥有不同文化底蕴的教育环境联合起来，形成一个开放的多元的教育场域，一方面，这种联合将直接促进校际间教育的交流，各显所长，促进我国职业教育的整体性进步。另一方面，开放交流的办学理念有利于良好教育环境的形成，为学生的全面发展提供更为广阔的平台。在职业教育领域，校际间的合作已不再是新鲜词汇，职业教育的"集团化"办学正在逐步显现它的优势。校际合作培养模式相对于中外合作培养模式而言，运营风险更低，在统一的制度体系下更便于管理。

校际合作是院校教育资源的便捷补充。我国高等职业教育发展至今，教育资源尤其是实训设备与场地资源始终处于缺乏的状态，教育资源是否充足直接影响学生的培养质量如何。高职院校间的校际合作办学不仅仅是学校自身发展的一种选择，而且我国高等教育大众化对职业院校教育资源的保障提出了严重挑战，职业院校的校际合作能促成资源的合理利用与共享，不仅为职业院校的发展提供了较之于引入国外教育资源更便捷稳妥的补充，在同一地域内提高了教育资源的利用率，有助于实现高职教育的均衡发展，缓解两极分化，而且避免了校际之间的恶性竞争，提高了办学质量，使我国职业院校加快"走出去"的步伐。总而言之，校际间的合作始终是解决我国职业教育资源有限性的重要路径。

3. 校际合作培养模式的分类

实践中，校际间的合作有多种形式，依据不同的分类标准，有多种划分方法。从职业院校合作的功能与性质来看，可以划分为资源互补型、战略联盟型和对口支援型；从职业院校合作的紧密程度来说可以划分为全方面紧密合作型、项目型。

（1）资源互补型、战略联盟型、对口支援型

根据职业院校合作的功能与性质，可分为资源互补型、战略联盟型和对口支援型。

资源互补型校际合作着重强调合作各方在教育资源上形成互通共享的合作关系，如课程资源、图书馆资源、教学设备设施、师资等方面的共享与共建。对于教育资源有限的院校通常会采取此种合作模式，以期通过合作实现资源的互补共享，补充和丰富学校的各种教学资源。巨大的资源需求与实际投入的不足使职业院校的资源始终存在缺口，因此在资源的共享与互补方面，职业院校开展的合作最为广泛且同一地区内的职业院校更容易开展这种类型的合作。

战略联盟型合作又可以称为职院的联盟化，是各职业院校为了实现人才质量的提高、共同解决学校在发展中的重大战略问题而建立起的多法人组织的联盟。合作的职业院校不仅在资源上实现共享，而且在学生培养、教学、科研等方面开展更深度的合作，是校际合作的深化。在我国的教育实践中，职校联盟通常由地缘相近的多个职业院校组成联盟。地理位置相

近的优势使各高校教师间的学术交流与学生间的跨校活动变得更加便利，高校间教师的跨校授课和学生的跨校选修课程更加快捷有效，最大化地发挥聚集效应，共享优质师资和基础设施资源[7]。

对口支援型合作模式是为了解决教育资源分配不均等问题所形成的合作模式。这种类型意在利用发展水平较高的学校帮扶，带动水平较低尤其是西部学校的发展，支援的内容较广，涉及课程开发、师资队伍的建设与培训、科研等软件的支持和教学设备等硬件的帮扶[8]。

（2）全方面紧密合作型、项目型

依据职业院校合作的紧密程度高低，可分为全方面紧密合作型、项目型。

全方位紧密合作型是指合作院校间在教学、科研、师资等各种职能领域进行长时间的深度合作。这种合作更适合地理位置相邻的院校，但深度的合作需要各方能进行良好的融接与配合，化解冲突。此种合作培养类型一旦形成会使各联合院校共同进步、相得益彰，但需要磨合的时间最长，克服的困难也最多。

项目型是指合作方就合作协议明确的范围事项开展项目合作，合作关系就项目的进程而发生变化，合作关系随合作项目的开展和结束而组建与解散。这种动态融合性的矩阵式组织，联合科研较好的集中优势力量进行专门领域内的公关，若合作适当，可创造极大的价值。

4. 校际合作培养模式发展中的问题

由于我国的校际合作还处于初步发展阶段，目前我国职业院校在校际合作的机制建设、平衡发展以及衔接等方面还存在问题。

（1）合作机制不完善

特定历史条件下形成的职业院校的封闭性和政府调控收缩了职业院校的办学自主权，职业院校的发展与规划受到一定限制。尽管政府相关部门多次出台文件鼓励联合多种形式的校际合作，但我国职业院校校际合作还处在较低的层次与水平。校际合作在机制建设方面缺乏实践经验，机制建设还不完善。

首先职业院校的校际合作虽然以整合资源、充分利用为出发点，但在合作初期人力与物力的投入不可避免，在合作过程中还需要各方进行磨合，职业院校的交流与合作必然道路艰辛。其次，职业院校合作组织的管理比较松散，很少设立专门的机构负责合作事务或者设立的专门机构无法起到安排协调的作用，缺失应有的服务功能。

（2）校际合作发展呈现不平衡现状

职业院校校际合作的初衷是合作单位在教学、科研等方面加强合作，相互交流，共同发展，但实现中由于职业院校发展水平、优势学科的差异，职业院校之间的交流往往会发展得不平衡。一是院校合作出现分层现象，具有优质资源的院校间相互联合，水平层次较低的院校"投奔无门"，不同水平上的学校之间无法联合，强强联合反而加剧了职业教育资源分配的两极化，与初衷相悖。二是各方在合作中的权利义务不对等，如互派学生数量不对等甚至相差巨大，学生的培养费用分担不平衡等。合作联盟资源丰富的层次较高的院校在资源再配置中拥有更多的话语权与主动权，往往忽视甚至损害弱势院校的利益，最终使联盟瓦解。

（3）学生管理与评价衔接不到位

跨校培养学生的管理衔接问题主要体现在两方面。一是学生学业成绩的评定与学分互认上的衔接不到位。尽管参与合作的院校都在跨校选修的课程和学分予以认可，但在具体如何互换以及科目成绩评定上都没有统一的规定，导致不合理问题，危机学生与老师的积极性。二是学生奖惩评价的衔接不合理。不同学校在专业课程的选择与安排上有所区别，学校教学水平、考评方式的差异，对学生学业成绩的评定各不相同。

5. 优化建议

（1）考察合作对象

职业院校在在做出合作决议前应对合作的对象和合作的类型做出选择。院校要结合自身发展需要选择在核心专业、办学层次、资源条件等方面等与自身相互补充的院校作为合作单位，对合作对象做出判断和选择。

政府在此前也可以适当引导，对较为弱势的院校进行帮扶。对合作院校的选择是保证合作取得实效的重要一环。

（2）发挥政府指导功能

我国职业院校在政府指导下办学，政府的政策方针对高校办学具有较强的指导性。因此，要充分发挥政府的指导协调作用。一方面，政府要牵头制定校际合作相关的制度规范，扩大高校办学自主权，完善保障机制与责任机制，发挥"硬作用"。另一方面，政府可对职业教育校际合作进行总体协调，鼓励各个层次水平间的高校之间开展合作，引导理性的合作与竞争，进行资源共享、合作培训等，发挥"软作用"。

（3）设置专门的管理机构

对于多个主体院校组成的合作组织，应当设置专门的管理机构负责校际合作的各项事宜。设置专门的管理机构，逐步完善机构职责，将校际合作工作规范化、专门化管理是极有必要的。设立董事会，由各校领导负责，决定校际合作发展的方向与思路，设置专项合作委员会，分别负责教师流通、学生交流、科研合作、监督评估等专项的活动的沟通和协调[9]。

（4）统一标准，完善学分互认体系

院校在签署校际合作协议时虽然已就学分的互相认可有所约定，但在具体如何互换以及科目成绩评定上都没有统一的规定，导致不合理问题时有出现。各个院校联盟间的互认标准也并不统一，给学生跨校学习带来不便，也不利于校际合作优势的扩大化。设立统一的标准有利于学生的跨校交流、课程建设的统一性，并且能一定程度地避免校际合作中教学管理的混乱。

（三）国际化技术技能人才校企合作培养模式

1. 校企合作培养模式的基本概述

（1）校企合作的基本概念

校企合作培养模式，顾名思义是高等职业院校与企业合作，共同培养高级技术技能型人才的一种比较典型的育人模式，它能够为相关专业的企业及行业有效培养出工作岗位适应能力强、设备操作上手能力快的职业技术人才。

国际化卓越人才校企合作培养模式就是高职院校联合外资企业或跨国公司，双方共同合作，以培养具有国际化视野，具备良好外语应用能力及专业素质，能够顺利开展跨国际文化交流与合作的高级技术技能型人才为目标的人才培养模式。

校企合作的好处是企业可以直接注入资金，投入到学校硬件设施的建设方面，这样，既能减轻合作方在启动资金方面的压力，使高等职业教育能够很好地融资，又可以提高办学的硬件水平，也容易和国外的教学条件接轨[10]。

（2）校企合作培养模式的特点

1）育人主体具有双元性。在国际化卓越人才校企合作培养模式下，具有两个育人主体：其一为各个地区的地方性高等职业院校，其二为当地的外资企业或跨国公司。高等职业教育主要是面向与服务于地方、区域经济发展，为促进地方、区域经济发展培养高素质技术技能型人才的一种高等教育。因此高等职业院校是其最主要的育人主体，肩负着最为重要的人才培养使命。此外，外资企业和跨国公司作为培养国际化卓越人才的另一个主体，也承担着尤为重要的育人责任。它们二者在人才培养工作上必须要取得良好的配合，并进行有效沟通，在整个人才培养过程中始终需要保持较为紧密的联系。校企双方应该共同参与人才培养计划和方案的制定，承担起组织教学和实践培训的任务，并对学生的技能与专业素质进行全面评价与考核。

2）育人环境具有双重性。在国际化技术技能人才校企合作培养模式下，具有两种育人环境：一种是高职院校传统的教学课堂，另一种是外资企业或跨国公司现实的工作环境。学生在传统的教学课堂上能够充分而系统地学习普通基础知识与专业技术理论，进而提升自身的基本文化素养和专业素质，为后续的技能学习与实际工作打下坚固而扎实的文化理论基础。学生在企业现实的工作环境中通过长时间的观摩学习、顶岗实习与实训操作，将能够更为直接地检验自身技能与实力，从而收获他们在校内课堂里难以得到的体验和经历。学生由于在受教育期间已经接受过了充分的学习与锻炼，因此他们在毕业以后将更加容易适应并且融入到企业现实的工作环境与日常事务之中去。

3）育人师资具有双面性。育人师资具有双面性，是指在国际化卓越人才校企合作培养模式下，必须具备一支理论功底十分扎实，实践经验颇为丰富的国际化复合型师资队伍，因此校企双方必须注重国际化双师型师资队伍的建设与打造。国际化卓越人才的培养有赖于国际化的师资，因此只有打造出一支高素质的国际化师资队伍才有可能培养出具有国际化视野，具备良好外语应用能力及专业素质，能够顺利开展跨国际文化交流与合作的高级技术技能型人才。

为了打造国际化师资队伍，高职院校可以引进一批具有国外留学背景的硕士或博士担任专业课教师，也可以派遣本校教师前往国外装配制造相关专业较为知名的高职院校进行参观、交流，学习国外成功校企合作案例的先进经验及其人才培养方式。此外，在校企合作培养模式中，企业也是人才培养的重要主体，因此其有责任承担起教师队伍的建设工作，帮助高职院校教师提升实践能力。企业应该欢迎和接纳在校青年教师进入企业进行挂职锻炼，以提升他们的专业实践能力，丰富其实践经验。另外，外资企业和跨国公司还拥有许多经验丰富的技术人员和专家，所以高职院校也可以努力吸纳这些人才资源，使他们进入"双师型"教师队伍之中。

2. 校企合作的典型培养模式

（1）工学结合培养模式

工学结合培养模式是校企合作人才培养模式中的一种重要类型，所谓工学结合，就是指将工作与学习结合起来，对学生进行培养，使学生一边学习一边工作，进而成为具有良好的职业道德、专业的职业素养以及较强的职业能力的高素质技术技能型人才。在这种培养模式下，学校和企业应该注重对学生工作及学习的时间进行合理而有效的协调与安排，使其能够在最大程度上获得较为深刻的专业技术理论知识、规范标准的操作技术技能及相关的工作经验。此外，工学结合这种培养模式还可以保证学生及时将校内学习的专业技术理论知识转化成为实践技能。同时，学生通过亲自参与解决工作场景中的实际问题还可以不断地积累工作经验，从而进一步提高分析和解决问题的能力。

对于装备制造业国际化技术技能人才的培养，学校首先需要寻找能够进行长期合作的外资企业或跨国公司作为战略合作伙伴，使双方在利益与需求方面达成共识，然后签订合作协议，进而形成长期的人才培养合作伙伴关系。

在人才培养过程中，校企双方需要共同制定人才培养计划与方案，合理分配学生在校学习与在企业工作的时间。学生在校学习的期间必须严格服从学校的统一管理，在企业工作期间也必须遵守企业的规章制度。

校企双方还需要明确各自的人才培养中的责任，学校应该为学生提供必要的基础知识及专业理论知识教学，注重对学生进行安全教育，为学生做详细的安全操作规范讲解，从而提高学生的安全意识；企业应该按照人才培养方案的要求为在校学生提供一定数量的工作岗位作为实训教学平台，让学生参与到实际的生产工作中进行锻炼。

需要注意的是，企业所提供的工作岗位必须与学生所学的专业相关，与国际化卓越人才的培养目标相适应。因此企业在给学生提供实习工作岗位时应该注意选择与国际规范标准接轨，并且能够帮助学生有效提升外语应用能力的工作岗位。

最后，在学生的学业即将结束时，校企双方应该共同参与到学生的技能水平考核及毕业设计的评估中去。评估学生的技能水平需要参照学生平时在企业中的工作表现记录，此外，学生在毕业前还必须取得相关行业的从业资格证书，否则将不符合毕业要求。对于学生综合素质的考评，则应该以其毕业设计作为最终的考核依据，并且辅以学生在毕业答辩中的表现，从而评价学生是否达到了国际化卓越人才的标准。此外，在整个评价过程中，还需要特别注意对学生外语应用能力的考核，评价的主体应该从合作的企业与学校中进行挑选，由相关的教师、教授、技术专家及部门领导等人组成。

（2）"订单式"培养模式

在校企合作人才培养模式下，"订单式"培养也是一种比较常见的人才培养模式。开展"订单式"培养，有利于校企双方建立起产学结合的长效机制，能够有效实现生产、教学、科研三者之间的有机结合。在此过程中，学校与用人单位之间联系紧密，且分工明确：由高职院校提供主要的教学场地、教师和生源，企业则需要提供实训基地、一部分师资及用人需求。这种人才培养模式的优势体在于校企双方供需对口，对人、财、物等资源的利用率极高，因此能够从根本上解决学生在校学习的职业针对性问题、技术应用性问题及就业问题，直接为区域经济建设服务[11]。

运用"订单式"培养模式培养装配制造业国际化技术技能人才，高职院校的相关专业应该严格按照社会中装配制造行业及外资企业或跨国公司对人才规格的需求培养学生，据此来制定人才培养方案，构建课程体系，建设实践教学基地。使得高职院校所培养的学生能够与企业的用人要求对口，从而更好地服务于企业和社会的经济发展。在另一方面，校企合作双方的负责人应该极力促成企业领导、装配制造行业专家和高职院校学术带头人共同参与办学和专业建设，以提升高职院校装配制造专业的综合竞争力。

3. 校企合作培养的具体方式

（1）人才培养目标的制订

由高职院校与合作企业共同商榷制定人才培养目标，国际化卓越人才培养目标的内容主要包括学生所需获得的基本知识与能力目标与专业知识与技能目标。其中，专业知识与技能目标是指相关专业的专业基础理论知识目标及专业操作技能目标。除此之外，其还强调学生应达到较强的外语应用能力水平。

（2）课程教学资源的建设

由高职院校与合作企业共同参与课程教学资源的建设工作，学校与企业应该根据国际化技术技能人才的培养目标及它们各自所拥有的资源情况来共同建设课程教学资源，高职院校仍然需要承担主要的课程研发工作，企业必须对课程研发工作予以充分的支持。比如，由企业向学校提供相关岗位的招聘信息及用人要求，学校据此来制定相关专业人才培养的课程内容与教学方案。另外，学校还应该主持建立课程教学资源库，让企业参与其中，使得课程教学资源库的内容能够根据行业及企业需求的变化发展而不断更新。

（3）实践教学平台的打造

由校企双方共同参与打造装配制造业国际化技术技能人才培养的实践教学平台，该平台主要由学校实验教学中心和校外实践教学基地两部分组成。学校实验教学中心有两种用途：其一，它是学生的校内实训场所，主要供学生在校内进行实践训练；其二，依托该中心先进的实验设备，学校可以承接来自企业的试验和检测工作，由此获得一定的经济效益。校外实践教学基地则主要设置在企业的工厂之中，企业会专门为学生配备专业技术人员作为实训教师，管理和指导学生的校外实践活动[12]。

（4）共同参与技能水平考核评价

对学生是否已达到了国际化技术技能人才的标准必须由校企双方共同评价和确认，因此校企双方均应该自觉承担起对学生的技能考核工作。整个评价体系必须紧紧围绕国际化装配制造业卓越人才的总体培养目标进行考量，判断该学生是否已达到装配制造业人才的基本素质，即具备国际化视野、拥有良好的专业素养、掌握熟练的操作技能、具有较强的外语应用能力以及具有创新精神、团队合作意识和自主学习能力等。

评价主体应该由高职院校的专业课教师、教学管理人员、企业专家和技术人员等人担任；评价内容由基础知识与技能（包括外语应用能力）、专业知识、实践能力、国际化视野、合作意识与学习态度等要素组成；评价方式包括形成性评价、终结性评价、定性评价和定量评价；评价策略个性化与标准化并存[13]。

4. 校企合作培养的其他方式

（1）选派学生赴境外实习

安排相关专业的学生到境外参加实习是高职院校在校企合作模式下培养国际化技术技能人才重要方式之一。为培养国际化技术技能人才，高职院校可以与境内跨国公司或国外企业进行合作，共建校外实习基地，然后派遣学生前往境外合作企业实习和就业，从事相关专业的工作。

高职院校的学生通过去往发达国家或地区参加实习，不仅可以感受到先进的技术和管理氛围，体验先进的实习实训设备，开拓视野和思维，还可以丰富工作经历，积累工作经验，并推动中西文化和专业知识的交流。在此过程中，学生的文化沟通能力、专业技术能力、国际交往能力以及多元文化适应能力均能得到显著提升[14]。

（2）发展境外师资培训

国际化人才培育工作的推进需要依靠国际化的师资培训作为保障，高职院校只有尽力打造出一支高素质、高水平、国际化的师资队伍，才有能力培养出具有国际化视野，具备良好专业素养及高超技能水平的国际化人才。因此，高职院校的教师非常有必要参加国际化的师资培训，学习国际上较先进的教育理念及方法，以此来不断提升自身的教育水平和专业素养。

高职院校可以通过选派专业骨干教师赴境外参加进修和培训的方式来打造本校国际化卓越人才培养的师资队伍。例如，在高职院校与外资企业或跨国公司进行合作时，高职院校可以选拔相关专业的优秀教师参加企业基金会的培训项目赴境外参加培训和学习。

高职院校的教师在国外经过一段时间培训和学习，不仅可以了解到国外较为先进的教育理念，体验新式的教学方式和方法，而且能够开阔自身的国际化视野，提高教育教学水平，从而推动整个高职院校相关专业的建设进程。

（四）国际化技术技能人才产教联合培养模式

1. 产教联合培养模式的基本概述

（1）产教联合的基本概念

产教联合是指职业学校根据其所设置的专业，积极开办与专业相关的产业，使产业活动与教育教学活动密切联系，进而相互支持、相互促进，由此将学校打造成集人才培养，技术研究与技术服务为一体的产业性经营实体，形成校企一体化的办学模式。产教联合的根本目的是进行人才培养，生产虽然是产教联合的基础，但它必须为教育和教学服务，因此在产教联合的过程中，处理各种问题时必须遵循此项基本原则。

（2）产教联合基本特点

1）以"产"为基础。产教联合必须以生产作为基础，要求教师在从事专业产业活动的过程与环境下对学生进行实践教学，从而实现师生之间的教学相长。高职院校创办专业产业，教师带领学生从事专业产业的生产活动不仅可以为学校带来现实的经济效益，而且还能够促进本地区相关行业的发展。高职院校可以通过与企业进行合作，让校内的专业科研团队承担企业一部分的技术研发工作，并为企业的生产活动提供一定的技术指导和服务，并从中获取相应的经济酬劳，将酬资作为支持和推动高职院校产教联合人才培养工作顺利推行的资金来源。

2）以"教"为目的。产教联合的根本目的是教学育人，也就是说，在产教联合中，生产是为教学而服务的，产教联合的根本目的就是培养具有良好专业素质及实践能力的技术技能型人才。在产教联合人才培养模式下，教师带领学生从事专业生产活动，学生的专业素养及能力能够由此得到有效的增长和提高，在较短时间内便可以成长为一名能够独立胜任工作事务的优秀职业人才。

3）以"双赢"为原则。互利双赢是产教联合的基本原则，目前，最为普遍的产教联合模式即为校企合作，校企合作的基本前提就是校企双方具有共同的利益基础。互利双赢主要是指校企双方在产教联合过程中能够互相提供有利于对方发展的支持，同时也能够从对方那里获取自己所需要的利益。高职院校既可以通过产教联合实现教学育人的目的，又可以从发展专业产业过程中获取经济效益；企业则能够得到高职院校的技术指导和智力与人力支持，从而得到不断发展。

（3）产教联合的优势作用

1）对学生发展的作用：产教联合能够有效帮助学生将理论知识转化为实践技能，加深学生对理论知识的理解，增强学生应对与处理实际问题的能力，激发出学生的创新意识。高职院校兴办专业产业，让学生参与到实际的生产或经营活动中去，并给予他们一定的经济酬劳，这在客观上也为学生提供了工学结合、勤工俭学的有利条件。

2）对教师发展的作用：产教联合有利于高职教师提升自己的专业实践能力与技术研发能力，有利于高职院校"双师型"师资队伍的建设。高职院校打造的实习基地与兴办的专业产业，为本校的专业课任课教师提供了丰富的实践条件与锻炼机会，教师在实际教学工作过程中能够将理论知识与生产实践相结合，将教育教学与科学研究相结合，从而提升自身的专业素养，为学校"双师型"师资队伍的建设贡献出自己的一份力量。

3）对地区经济发展的作用：产教联合能够有效促进地方经济的发展与繁荣，职业教育是面向地方经济发展，为地方经济建设服务的一种教育，高职院校的专业设置与地方的产业布局和发展联系十分紧密。由于高职院校中拥有较高水平的科研团队，因此他们所创办产业在当地具有一定的示范作用，能够带领本地区行业产业的整体发展。此外，这些科研团队还可以充分发挥人才优势，为地区产业的发展提供一定的技术指导与智力支持。

4）对职业技术教育发展的作用：产教联合充分体现了职业技术教育的特点，即以职业能力为导向，以培养职业技术人才为目标，它是一种比较先进的职业人才培养模式，能够有效促进以培养技术技能型人才为重任的职业技术教育的良好发展。此外，在产教联合过程中，由于企业能够为高职师生提供一定的实训场所与设备，所以职业技术教育的成本可以得到节省。

2. 产教联合的形式分类

产教联合在实践过程中具有多种形式，依据不同的分类标准，划分方法也有所差异。从产权关系来看，可以划分为校企联合型、校企合一型、产校合一型、混合型、集团化型；从实施场所来看，可以划分为校内结合型、校外结合型、社会实践结合型；从管理体制来看，可以划分为产教合一型、产教分离型、专业产业一体化型；从功能角度来看，可以划分为技能培养型、项目开拓型、创业型。它们各自的形式特征如表 3-1 所示。

表 3-1　产教联合的形式与特点[15]

划分依据	类型	形式特征
产权关系	校企联合型	职业院校与企业在产权上相互独立，在人才培养上相互交织，进行紧密合作。联合办学的形式有两种：其一是学校接受企业的委托或根据企业的用人需求培养技术技能型人才；其二是学校与企业双方建立密切合作关系，二者之间具有明确分工，且各自承担着相应的育人工作
	校企合一型	职业院校是产权的所有者，职业院校以提升学生的实践技能为目的，依托本校资源，创办校办产业。校办产业不仅能为学生提供实习和技能训练的场所，而且还能依靠研发与生产产品，获取经济效益，从而实现以厂养校
	产校合一型	这种形式是指企业或行业兴办职业教育，教育培训中心的产权归属行业组织或企业所有

续表

划 分 依 据	类 型	形 式 特 征
产权关系	混合型	职业院校的实习基地或校办产业是通过多方投资,共同建设打造的,因此其产权具有分散化、社会化的特点。该类型产教联合的形式多种多样:①企业通过股东身份直接参与办学,为职业院校实践教学提供资金、设备、场地、技术、师资等办学资源,与学校共享办学效益;②在一定区域内建立大学城,使多个职业院校集中办学,相互分享教学资源;③职业院校通过向企业租借实践教学所需的生产设备、生产场所或生产环节进行教学;④采用多渠道筹资的办法来建立实训基地,以政府投入为主,吸纳民间资金,运用金融贷款
	集团化型	这是职业教育集团化办学的形式,其方式主要有两种:①产业集团通过产权关系吸纳多个职业院校成为集团成员;②职业教育集团通过产权形式引入企业加入集团行列
实施场所	校内结合型	职业院校为培养学生的实践能力与获得一定得办学资金,在本校置办产业和工厂,让学生在本校置办的产业或基地上进行生产、实习及相关劳务工作。具有技能训练针对性强、施教主动、管理方便等优势
	校外结合型	职业院校在校外建立稳定的实习基地或企业,作为培养学生实践技能的场所。这种基地通常是职业院校通过与社会上的产业部门签订协议,进而建立联系的。它不仅可以弥补校内基地的不足,而且能使学生技能训练与企业岗位需要进行更为有效的结合
	社会实践结合型	职业院校通过让学生参与社会实践活动来培养学生的社会实践能力。社会实践的类型主要有四种:①利用还暑假组织学生期搞社会调查;②组织学生到企事业单位去参观实习;③带领学生从事社会服务,参与技术推广;④为学生提供勤工俭学的机会,倡导学生勤工俭学

续表

划分依据	类型	形式特征
管理体制	产教合一型	由高职院校的教导处等职能部门统一管理教学基地或校办产业与教学所需的各项资源,为了保证实践教学与理论教学的协调统一,教学基地或校办产业的功能完全用于满足教学实践的需要
	产教分离型	教学基地或校办产业与教学在资源调配上由不同的部门分别管理,实行两条线运行。基地或产业的管理机构是独立设置的校办产业或生产实习处,主要负责校办产业或基地内的项目生产、设备设施管理和教学实习
	专业产业一体化型	产业的置办必须以专业为依托,办好产业,以产业促进专业发展。学校要把与专业相关的实业经营权下放到各个专业,各个专业要把教学、科研、生产、经营、服务等项目融为一体,通过服务地方经济来实现自我的发展
功能	技能培养型	这是一种教学型的产教结合,其目的就是为了促进教学,培养技术技能人才。置办产业就是为了满足教学的需要,实验、实习基地都要为教学服务
	项目开拓型	该类型的产教联合需要以获取经济效益作为宗旨,实施方式为:职业院校依托本校的专业及人才优势,接受当地政府委托,或按照市场调查需求实现产业与教育的有效融合
	创业型	以培养学生的创业能力为主要目的,以增强学生创新创业实践能力为工作重点,高职院校在创业的实践活动过程中可能产生经济效益。这种类型的产教结合主要存在于农村职业教育中

3. 案例分析——成都航空职业技术学院产教联合培养模式的实践

成都航空职业技术学院是国家首批示范性高等职业院校,是经教育部批准设立的全国最早独立举办高等职业教育的学校,在全国高等职业教育中享有较高声誉——它是黄炎培职业教育优秀学校、全国职业技术教育先进单位、四川省省级文明单位、教育部确定的西南地区唯一一所高等学校继续教育示范基地、四川省职教师资培训基地、四川省高技能人才培训基地[16]。该校早在 1994 年 5 月起就组织开展了一系列的产教联合培养模式的探索性实践，且取得了较好的实践成效。该校在数控技术应用专业实施的产教联合人才培养模式能够为国际化卓越人才的产教联合培养提供有益启示。

成都航空职业技术学院早在 1994 年 10 月至 1995 年 4 月，便依托西南地区航空基地的优势，开展了与企业产学合作、联合培养应用型人才的探索与实践，以"适应航空重点型号生产、研制的需要"为目标，与成都飞机工业集团公司以产学合作方式共同培养 30 名学生[17]。整个联合过程都是基于成飞公司的生产一线工作，该公司不仅提供设备、场地等硬件设施，而且还专门安排工程技术人员指导学生的现场工艺知识与技能训练。在院校与企业的共同努力下，学生的实践能力与专业技术水平得到了极大地提高，学生也迅速融入进了企业的文化氛围，为该企业创造出了企业了巨大的效益，从而实现了校企合作的"双赢"。其具体方式如下：

（1）共同确立产教联合的目标

建立共同的奋斗目标是校企双方达成合作协议的基础，在成都航空职业技术学院与成飞公司的合作中，学校追求的目标是：充分发挥学院的教育优势，有效利用企业的工程环境、技术力量、工艺装备、生产过程、管理理念等宝贵教育资源，培养出适应航空企业数控技术应用、技术进步和持续发展的要求的高素质、强能力数控技术应用人才；企业追求的目标为：做好高级技术岗位的人才储备，为企业的发展储备职业素养较高、专业对口、实践能力较强的优秀技术技能型人才。

（2）共同制定教学计划

由高职院校与航空公司共同参与，根据"以胜任职业岗位（群）需要为目标，以职业能力培养为主线，以用人单位要求为质量标准"的指导思想，制定教学计划。教学计划要体现出"双证制""多证书"的人才培养要求，注重对学生专业理论水平与实践能力的双方面提高。理论教学体系由 5 个版块构成，即政治素养、信息工具、工程基础、专业技术和横向扩展（选修）；实践体系由 4 个版块组成，即实验与操作技能、技术应用能力、实习与毕业设计以及综合实践。其中，五年制的实践环节应占教学总周数的 40%，三年制实践环节占教学总周数的 48%以上。另外，当学生完成教学计划中所规定的各个环节学习后，除了获得毕业证书外，还应该获得 CET3（大学英语三级）或 BCE 一级、大学计算机一级或省劳动厅二级、AutoCAD 一级、中级机工、中级加工中心操作工以及初级 SolidEdge、Pro/E 或 UG 资格证书[18]。

（3）"双师型"师资队伍建设

采取"引、送、培、聘"等方式，打造"双师型"师资队伍。该院校先后引进了9名教师、送6名教师读工程硕士研究生、与航空企业一同培训了11名教师，并从企业中聘请了13名技术骨干担任学院的兼职教师，从而改善了数控专业师资队伍结构，进一步加强和充实了数控专业教师伍，提高了教师队伍的整体素质。

（4）教学基地建设

该院校共斥资 500 万购置了先进的数控加工中心机床1台、乙产型数控车床 5 台、数控铣床 5 台、数控电火花机床、线切割机床、数控注塑机各 1 台。建成了机电综合实验室和 CAD/CAM 专业机房，购买和获赠网络版 AutoCAD、SolidEdge、Pro/E 和 UG 软件。在设备选型、数控系统配备、设备交货验收、设备使用与产品生产等一系列过程中，产学合作教育的成飞公司给予了学院强有力的技术支持[19]。

（5）教材建设

以"满足企业对学生专业技术应用能力的要求"作为教材编写的目标，引入企业的新技术作为教材的内容，增强教材的针对性、实用性与综合性。该校主持开发了数控系教材的建设工作。并先后主编、参编数控专业高职教材 7 本。

（6）课程建设

积极推进以课程综合化为主要特点的课程改革，课程改革的方向为还原工程技术原貌，回归工程现场技术应用，适应一线技术人员岗位要求。比如，该校将数控原理与数控机床、数控加工工艺与数控编程、模具设计与模具制造工艺的课程进行了整合。并将成飞公司现场应用的先进技术进入课程内容；采用了适合高职课程的启发式教学法，运用了现代化的教学技术，如购买了实用的课程教学软件、开发 CAI 课件、添置企业正在应用的集成软件以及多媒体教学设备。

由此可见，成功的产教联合培养模式必须依托于良好的校企合作氛围，校企双方的合作应该建立在责、权、利相统一的基础之上。对于国际化卓越人才的培养，高职院校需要努力寻求外资企业与跨国公司的帮助与支持，积极参与中外合作办学项目及尽力争取产品生产任务。除此之外，促进高职院校专业的实体化还能够帮助高职院校有效实现以产养学、以研促学的目的。

三、装备制造业国际化技术技能人才课程体系的构建

（一）能力递进的模块化课程体系

1. 能力与职业能力

能力是劳动者在全球化、知识经济发展和劳动组织变革中能够获得主体地位和职业满足感的基本条件。一个人的职业能力（而不仅是职业技能）是人力资本形成的重要途径，它有自身的规律。同时满足认知规律、职业发展规律以及技术标准和社会规范的要求。在职业学习过程中不仅是知识的学习，还应该锻炼个人的职业能力，并且符合现代职业教育学和心理

学。一个职业人的学习是"初学者—新手—专家—高手"等不同阶段的能力递进过程。学习的过程按照六步教学法或符合 PACD 戴明环，包括学生的学习过程、完成任务的能力、学习质量和对学习过程的反思。学业评价采用形成性过程考核，即过程评价与结果评价相结合。

职业能力在职业形式体现，这个概念最初来源于德国职业教育学。一般包括专业能力、方法能力、社会能力等。

专业能力是劳动者胜任职业工作、赖以生存的核心本领。含专业知识、技能等，与职业共同体的专业要求相适应的行为都是专业能力的范畴。如制定工作计划，并能分析计划对工作结果的预期效果；选择工量具并能够分析由于错误选择可能对质量、产量、成本、生产过程和劳动安全等产生的可能性效果；能够处理工作过程中常见品质异常；能够在技术层面的功能性要求，经济层面的时间和成本要求以及美观等要求做出较为准确的决策；能够对自己及其他人的成绩做出客观评价等。

专业能力还包含对职业在精神层面的深入理解。它关注对专业问题的策略性思考，将机械、盲目和不理智的行为转化为有前瞻性的、禁得起检验的周全考虑的理智行为。

方法能力是指劳动者面对工作任务，能够独立制定解决问题的方案并进行实施的本领。如获取新知识、新技能的能力；搜集和加工信息、独立寻找解决问题的途径，并把已获得的知识、技能和经验运用到新的实践中等。方法能力还包括产品质量的自我控制和管理以及工作评价，通过对自己的行为和由此带来的后果做出评价并且为潜在的行为承担后果。方法能力强调在实践和理论层面有计划地解决职业和社会性难题的整个过程，强调解决新出现的问题的迁移性。

社会能力是劳动者与他人交往、合作、共同生活和工作的能力，是在工作过程中理解他人尊重他人，与相同或不同层次的人和谐相处的意愿和本领，是一个人的社会责任感和团结意识、人际交流等方面的能力素养。

社会能力无法通过传授方式或灌输式的教学获得，只能在生活过程和职业行为中获得。高素质的应用和技能型人才既要有自己的个性能力，又要意识到团队合作、纵观全局的能力，既能对自己的社会行为进行反思和批判，又能在团队工作中贯彻自己想法的同时，帮助、宽容和尊重他人。社会能力既是基本生存能力，又是基本发展能力[20]。

　　2. 能力递进关系

　　人的职业发展一般符合如下逻辑关系，满足能力递进关系。

　　（1）初学者/新手—生手

　　初学者学习定向的和概括性的知识，典型工作任务为职业定向性任务，需要在外部的指导下进行活动。如同我们先认识了一部汽车，知道其外部轮廓、颜色、品牌等表象，逐渐成为一名生手。

　　（2）生手—熟手

　　生手在接受一定的关联性知识的学习后，通过完成程序性的任务，了解基于规律的系统化行动。比如在了解车的表象条件下，能够了解汽车的组成和基本结构，从而逐渐成为一名熟手。

　　（3）熟手—能手

　　熟手通过学习具体与功能性知识，掌握蕴含问题的特殊任务，积累一定的知识，能够进行自主学习活动。如更进一步了解掌握汽车工作的原理与特性等，从而成为一名能手。

　　（4）能手—专家/高手

　　通过学科系统化知识深入的学习，通常可以完成无法预测的工作任务，由积累的理论知识与实践经验解决一系列的工作难题。比如说能够根据系统化的理论知识和实践经验排除与解决汽车的各种故障。能够深入到实质的核心解决根本性的问题，从而创造实际价值。

　　在从新手到熟手的过程中，各种能力贯穿始终，在构建国际化卓越人才课程体系时应将不同的能力融合在课程中，课程体系的构建与职业发展的逻辑关系相一致。且符合实践知识与理论知识的关系。职业发展规律及实践知识与理论知识的关系如图 3-2 所示。

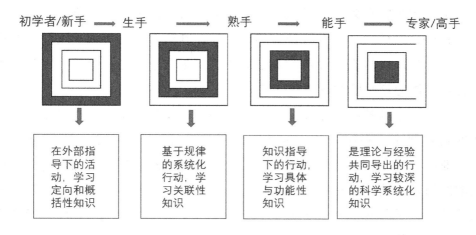

职业发展的逻辑规律：从初学者到专家

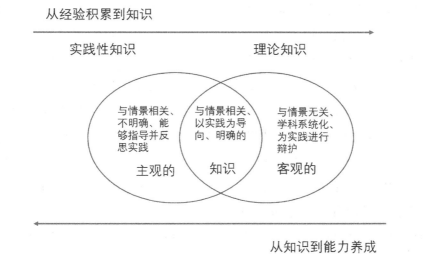

图 3-2 职业发展规律及实践知识与理论知识的关系

3. 能力递进的模块化课程体系

国际化技术技能人才培养通过"校企联合""中外联合""产教联合"，实现了师资、课程、设备"三共享"。学院内部整合资源，形成跨院系、跨专业的"国际化人才培养教研室",组织教师赴国外培训研修,提高国际化视野和外语教学能力。共同分析人才能力素质模型,将国标标准、外语、国外人文、专业技能相互融合,共同开发课程和教材。整合外部合作方资源,将教学设备、基地等资源实现共享。通过"三共享",提高各种合作途径的培养效率和质量。

为使学生具备所学专业的通用能力和水平,又满足企业"走出去"人才的特定要求,在国际化人才培养过程中坚持"人文素养培养不断线""专业技能培养不断线""国际交流能力培养不断线"。按照能力分层递进的逻辑,解构、序化课程内容,将不同企业、不同岗位、不同国别、不同群体所需的知识和技能嵌入到课程模块中,构建了"分层递进+柔性嵌入"的课程体系。针对不同培养对象,按需调用课程内容,实现了不同需求对人才提出的能力素质要求。

在专业教学过程中采取"五对接、五融合":岗位标准与培养目标对接,生产过程与教学过程对接,工作内容与学习内容对接,企业生产现场与实训基地对接,企业技术团队与专业群教学团队对接。构建了校企一体化教学平台,实现"五融合":校企双方在人才、技术、设备、文化、管理元素上的充分融合与共享。所选企业包括多家海外企业或者有海外市场的大型国企或民营企业,如博世(中国)投资有限公司、通用电气公司、丰田汽车公司、中联重科股份有限公司、三一重工股份有限公司等。校企产教融合,资源深度共享,企业不仅为学生和教师提供了真实的实训场景,同时还提供了国外制造装备业的相关技术标准、手册、图书、视频等资料。课程体系的设置以培养岗位胜任能力和职业生涯可持续发展能力为目标,构建人文素质、职业领域和职业拓展三个课程平台,设立思想政治、身心修养、科技人文、专业基础能力、岗位核心能力、职业拓展能力六个课程模块。将外语交际、国外人文风俗、客户沟通等海外人才的特定素养、能力课程嵌入在相应模块中。形成知识与技能并重,理论与实践交替、职业能力递进的模块化课程体系。体现行动导向、任务驱动、实际工作场景再现等重要特征。构建"三平台、六模块"适应国际化人才培养的模块化嵌入式课程体系。既可在课程模块中嵌入独立的课程，也可在既有课程中嵌入特定的教学内容。也就是，使人才培养满足国内需要，使学生具有扎实的专业能力和可持续发展基础，又使培养过程符合培养规律，具有针对性和可操作性。近年通过引进国际标准、行业标准和企业标准，开发了与装备制造业"走出去"战略相适应的技术技能人才培养新课程，也完善了许多原有课程，增加相关内容。同时增开了日语、韩语、德语等第二外语和职业拓展能力课程。着重通过企业现场教学、项目载体、开放式教学等途径提高了海外市场国际化人才培养的实效。

（二）行动导向的项目式教学模式

1. 行动导向的定义

行动导向教学，是用"完整的行动模式"，通过由师生共同确定的行动产品来引导教学过程，学生通过主动和全面的学习，达到脑力劳动和体力劳动的统一。通过设定的学习目标，学生选择自己的行动方式，并对行动结果做出预测，通过组织、计划、实施去影响行动的结果。即学生以小组的形式独立制订工作和学习计划、实施计划并进行评价（自评、互评与他评）。教师通过设计开发合适的典型工作任务或者教学项目、通过多种辅助手段（如引导文）帮助学生独立获得必需的知识并构建自己的知识体系。完整的行动模式有两个特点：一是行动过程结构的完整性，即行动者独立制订计划、实施计划和评价反馈，并在可能的情况下改进自己的行动；二是行动要素的全面性，即职业行动是跨领域、跨学科的，包含技术经济、生态和法律等多种要素。

按照行动导向教学理论，国际化技术技能人才培养要根据职业活动在国际化工作环境来设计、实施和评价职业教育的教学活动。学科知识的系统性和完整性不再是判断职业教育教学是否有效、是否适当的标准。行动导向教学根据实际或模拟的专业环境设计、实施、检查和评价职业活动的全过程，学习者通过探索和解决工作任务中出现的问题，体验并反思学习行动的过程，学习的过程既要根据工作过程系统化的原则进行，另一方面需要跨学科的学习，教师在教学中注重促进学生思维、想象和创造能力的发展，尽量让学生参加所有学习活动的计划工作，甚至包括确定教学目标和教学内容，应照顾学生的兴趣和已有经验，如文化知识和技能基础、心理特征和社会发展状况等。如通过引导文教学法（行动导向教学法之一）为学生提供操作性极强的解决问题的工具，从而使学生最终获得完成相关职业活动所需要的能力。行动导向教学的目的是促进学习者的职业能力发展，其核心是行动过程与学习过程相统一[21]。

2. 项目式教学模式的概念与实际应用

项目式教学是行动导向学习的基本教学方法，是师生通过共同实施一个完整的"项目"工作而进行的教学行动。通过对工作及工作领域的分析，确定相关工作任务，以此设定学习领域和教学项目，一般来说，工作任务有清晰的描述，有固定开始时间和结束时间的工作，项目结束一般可以看到产品，并有一定的应用价值，通过项目实施，学生能够获得一定的知识技能。从工作领域到学习领域课程的构建如图 3-3 所示。

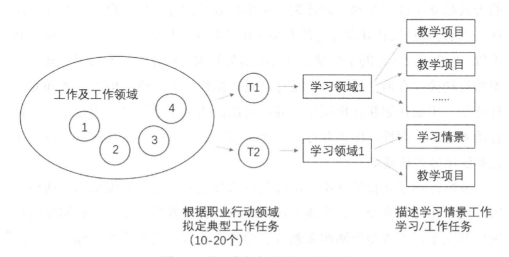

图 3-3　从工作任务到学习领域课程

　　行动导向的项目式教学模式中，项目的设定与企业实际生产过程或经营行动活动有直接关系。过程的实施应考虑学生有独立进行工作计划的自主空间，在一定的时间范围内可以自行组织、安排自己的学习行为，能够自己处理在项目工作中出现的困难和问题。项目有一定难度，不仅是已有知识、技能的应用，而且还要求学生运用已有知识，在一定范围内学习新的知识技能，解决过去从未遇到过的实际问题。有明确而具体的成果展示，学习结束时，师生共同评价项目工作成果和学习方法。

　　目前有些国家的项目教学做得不错，在国际化技术技能人才培养的过程中可以加以借鉴应用。湖南工业职业技术学院的老师在接受德国Christiani 客尼职业技术教育培训四连胜项目培训的过程中就深有感触。如图 3-4 所示。

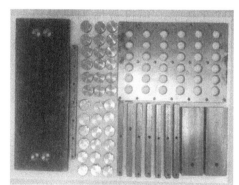

图 3-4　四连胜项目

　　在类似四连胜项目教学过程中，他们将学生分成几个学习小组，有目标明确特定的工作任务，工作任务情景描述非常清晰，对于每个工作任务都有精心设计的引导文，一般为三个方面：解决问题之前应该了解的与该任务相关的常识性问题；完成该任务必须具备的知识与技能问题（既有学生已经掌握的知识与技能，又有通过任务实施必须具备而尚未具备的知识与技能）；项目实施涉及的安全、法律环保等问题。学生通过对任务描述的分析，对引导问题的解答来对项目进行计划与实施，任务结束时有一个明确的结果。在行动过程中,学生学习"解决问题的能力"是首要的教学目标,其突出特点是"学生是项目的发起者和规划者"。项目学习的内容一般是跨学科的问题,也是学生感兴趣的问题。项目教学可以把理论与实践教学有机地结合起来,既发掘了学生的潜能,又提高了学生解决实际问题的综合能力。

在四连胜项目的实施过程中,学生对自己的工作计划进行了预期的分析,在完成工作任务之后又对结果与预期之间的差异进行了对比探析,这种在差异中求同,在差异中找出问题所在以及任务实施后产品具有一定的功能性(组员通过四连胜可以进行竞技比赛)的项目式教学模式大大激发了学生的学习兴趣。

湖南工业职业技术学院在与博世(长沙)汽车部件有限公司开设了订单班"博世班",在教学过程中采用了项目式教学,项目载体为机械手,如图 3-5 所示。

图 3-5 机械手

学院以此为契合,开发了系列学习项目。如数控技术卓越工艺师班的学期项目 1 用的是一个 4 件组合体加工。学期项目 2 为压印机加工,如图 3-6 所示。

教学项目： 组合件的数控加工。

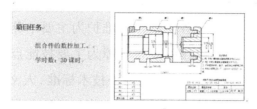

项目任务。

组合件的数控加工。

学时数：30 课时

学习目标

通过本单元的学习，你应该能够。

1. 分析组合件加工工艺，并根据工艺要求正确配备所用刀具的几何参数与切削用量。

2. 正确填写加工工艺卡片。

3. 正确使用绘图工具进行造型，做好后置处理，并生成加工程序。

4. 在机房仿真软件上完成零件的仿真加工。

5. 在加工的过程中，能严格按照数控车、铣床的规程操作。

6. 能够正确的使用量具。

7. 讨论分析零件加工缺陷造成的原因和应采取的解决措施。

8. 描述通过组合件加工所学到的技能。

9. 掌握如何控制零件尺寸在公差范围之内。

10. 掌握多刀的对刀方法。

11. 能够进行过程管控。

12. 在小组、全班展示组合件的加工成果。

教学项目： 压印机的数控加工。

项目任务。

压印机的数控加工。

学时数：60 课时。

学习目标

通过本单元的学习，你应该能够。

1. 分析压印机加工工艺，并根据工艺要求正确配备所用刀具的几何参数与切削用量。

2. 正确填写压印机加工工艺卡片。

3. 正确使用绘图工具进行造型，做好后置处理，并生成加工程序。

4. 在机房仿真软件上完成压印机的仿真加工。

5. 在加工的过程中，能严格按照数控车、铣床的规程操作。

6. 能够正确的使用量具。

7. 讨论分析压印机加工缺陷造成的原因和应采取的解决措施。

8. 描述通过压印机加工所学到的技能。

9. 掌握如何控制零件尺寸在公差范围之内。

10. 掌握多刀的对刀方法。

11. 能够进行过程管控。

12. 在小组、全班展示压印机的加工成果。

图 3-6　项目式教学

在与中联重科开展的"中联班"订单培养中，全程利用中英文教学，以中联海外市场常用设备的维修与维护为主要培养内容，结合项目载体——设备结构爆炸图，以排除设备故障为主要技能点进行项目式教学，等等。在项目式教学中充分融合了国内外技术标准、人文素养，大大有利于海外市场国际化人才培养输出，目前，我校此类订单班学生大量被派往东南亚、欧洲、非洲地区，并得到一致好评。

3. 项目式教学模式的步骤

项目式教学法通常按如下步骤实施教学过程：

1）设定一个问题情景，即工作任务。通常由教师提出一个或多个任务设想，学生参与讨论并确定，结果是开放性的。

2）精确地描述与界定问题。以引导文的形式提出总的教学目标，以问题、计划与实验的形式提出与教学相关的行动。由学生制定行动计划并确定工作方法。使用思维导图、鱼骨图、甘特图等工具。小组成员通过商量和讨论分配其在项目工作中的角色，发展自己的行动意识和行动能力。

3）策略的可行性性分析。

4）项目计划的实施。

学生确定各自在小组中的分工并以小组成员合作的形式，按照已确立的工作步骤和程序工作。在实践中，项目实施过程并不总能按照已有的工作计划严格进行。在项目实施过程中，参与者的思路和能力在不断发生变化，这些都促进了学生不断地思考，同时在解决问题的过程中也促进了学生能力的提高。

5）评价、应用、反馈与持续改进。先由学生进行自评，小组互评，再由教师进行检查评分。师生共同讨论、评判项目工作中出现的问题、学生解决问题的方法以及学习行动的特征。通过对比师生评价结果，找出造成结果差异的原因，并进行记录、汇报和展示。并对既定结果进行反馈，在条件允许的情况下可适当地进行分析与改进。由此提高了项目工作的能力。项目工作结果应该归档或应用到企业、学校的生产教学实践中。例如，作为项目的维修工作应记人维修保养记录，作为项目的工具制作、软件开发可应用到生产部门或日常生活和学习中。

项目式教学应紧跟行业技术发展，动态调整教学内容，校企协同，构建与通信技术发展全程链接的课程协同开发机制和实施机制，解决了职业教育普遍存在的课程标准与职业能力要求、课程内容与行业快速发展、课程资源与理实一体教学、课程实施与教学改革取向等四个"脱节"问题。课程内容以实际工程项目为载体，基于行动导向组织教学，融汇专业知识与工程项目任务，理论实践一体化，实现课程内容与工程项目链接，并根据行业技术发展动态调整教学内容，解决课程内容与行业快速发展脱节的问题。

4. 项目教学法实施条件

（1）学生

学生应该具有一定的独立学习能力，具备团队工作的意愿和基本经验，具有良好的行为规范。在此，学生的学习习惯、学习方式（学生的自主权、参与程度等）、自我管理能力起着重要的作用。学生学习小组的内部结构、团队分工与协作方式也会影响学习效果。

（2）教师

教师应具备相应的教学理念以及专业能力和教学能力，从事过相应的生产活动，有着丰富的实践经验。如教学项目的设计能力和项目学习的组织能力。教师应适应自己的角色转变，即从传统的知识传授转变为学习顾问。教师变主动教学为退居到幕后为学生提供帮助，不对学生的学习活动进行过多干预。合理编写引导问题，从而激发学生的兴趣并以此减少学生的学习困难，教师对项目评价不仅要关注知识技能的获得，还要关注关键能力的提高；不仅关注学习的结果，而且关注学习的过程。

（3）教学条件

项目教学需要在设施设备条件、班级容量和指导教师配备等方面进行合理的考量。项目教学需要模拟或者实际采用真实的工作环境，学生能够使用专业化的工具，道过合作与沟通完成具体的工作任务，取得特定的工作成果，并学习到相应的专业知识和技能，获得必要的工作经验。

（4）社会环境

政府支持，企业行业参与，给定学生有接触实际工作或社会的机会，这需要学校与企业进行合作教学。以校企合作平台为基础，行校企专家共同参与，通过行业调研，确定主要工作岗位及其典型工作任务与职业能力要求，明确人才培养目标。

四、装备制造业国际化技术技能人才培养保障体系构建

从国内目前情况来看，高职院校国际化培养机制形式还比较单一，培养理念与思路还存在一定的保守与僵化，国际化人才培养体系还不够健全，尤其是人才培养的体制机制还没有很好地建立起来。尽管国家政府投入了一定的人力物力财力，但整体培养机制基本上比较封闭，高职教育还缺少兼收并蓄的开发态度。以国际化师资为例，教师们大多数是开展一些学术研究后直接过渡到从事教学，往往缺乏在海外学习、实习和工作的经历，同时由于学校日常任务较重，无暇进行系统的国际化知识与技能的培训，因此，这些师资在理论知识和实践应用上，往往缺少对专业、行业在全球范围的理解和对国际化市场的认识。就装备制造业高职教育而言，构建好国际化卓越人才培养保障体系显得尤为急切。

（一）构建资源共享的人才培养平台

1. 资源共享的人才培养平台构建思路

顺应我国高等教育国际化趋势，结合高职院校的具体情况，全面提升装备制造专业国际化整体水平，湖南省相关高职院校正筹备构建资源共享的人才培养平台。就我院而言，主要依托湖南省机械装备制造职教集团，由我院牵头，在各相关高职院校之间以及高职院校与各工业园区、企业、

科研院所、政府以及其他组织之间通过一定方式组成优势互补、风险共担的装备制造专业联盟。然后在共同的目标指引下，打破校际和校企间的界限，优势互补，形成合力，使资源利用最大化，有效避免重复建设带来的人力物力财力上的浪费，在节约教育成本的同时，最大限度满足国际化技术技能人才培养的需要。比如，通过合作院校的共享课程、教师等优质教育资源，学生可以选修相关高职院校的特色课程，实现合作院校之间专业、师资、科研、设施等方面的优势互补、资源共享。更好地培养学生具有国际视野，了解中外历史和文化，具备较强的跨文化交际能力。资源共享的人才培养平台依托以网络为支撑的计算机软件体系，各计算机用户的终端都可实现数据的及时更新，及时上传，各个终端的管理员根据国际学生、专家、音像资料、课程模块等相关数据变换的情况随时上传，及时更新，以保证共享平台数据库的有效性[22]。在具体建设的过程中，包括购置计算机、投影仪、服务器、互联网等硬件设备以及开发出一套运用高职院校国际化资源共享平台的软件程序是建设共享平台的主要环节。共享平台的建设在前期要有较大的投入，尤其程序开发方面，可在借鉴其他数据库软件的基础上进行开发，并在各参与单位中进行试运行，然后根据实际所遇到的问题不断地完善、修改和优化。

2. 构建资源共享人才培养平台的主要路径

1）平台打破学科间的壁垒，实施通识教育。国际教育培养的人才要具有国际视野，能对世界上各种不同文明有一些基本的理解，拥有宽容心、沟通能力，会建立对各种不同文化的了解和容忍，具备跨文化交际能力。国际化教育时刻在呼唤不同学科之间的合作，以便打破学科壁垒，尽可能满足学生的求学需求。

2）装备制造专业联盟要建立招生引智联动机制，进行优势互补，扬长避短。引进外籍专家并重视学生教育的发展，同时建立统一的招生引智联动机制，通过网络平台发布信息，使得学生和外教的自主选择保持顺畅。在校校和校企之间建立学生供需联动机制，实现人才的校企对接。

3）建立图书及音像资料等的共享联动机制。可实施图书资料相互捐赠，科研领域相互合作，建立海外赠书目录库以及音像资料索引库，方便检索查询，提升对于科学实验、撰写论文专著的便利度。

4）逐步建立标准化体系，实现高效规范管理。实施标准化、规范化、制度化的招生制度，开展学分认证、评价体系等管理。包括建立各类招生标准化，统一规范各类学生入学条件及选拔办法，方便校际间的调剂。实行标准化学分认定，即依据教学的学时数和学分标准学时数计算出学分，并在校际间各专业内部实施学分互认。明确限定每个学期应该选修学分数值，配置好专业必修课和专业选修课的比例，确保教学和学习质量。相关专业建立标准化题型、题库，统一、规范相同专业的评价方式，采用集体判卷等流水作业方式，实现考核评价体系标准化。

5）强化校校及校企间优势互补、强强合作，让各自的优势充分地发挥。从研究领域来讲，把有限的资金集中用在最重要的地方；从教学领域来讲，让学生深切感受优秀教师的授课教学及育人；在校企合作方面，组建优秀的团队，承担更多、更为复杂的课题任务，为社会提供更好更多的服务，提升综合办学效益。

6）突出项目交流平台建设的核心，集成各方优势，打造创新特色，发挥资源效益，构建多种合作机制，搭建好项目交流平台，吸引到更多国内外知名学校、教育和科研机构以及相关企业在高职院校设立教学实训、研究机构或研究项目。

7）重点建设好信息化系统平台。按教育部的要求，在我国教育资源短缺的条件下办好大教育，实现跨越时空的教育资源共享。拓展高职院校国际化合作与交流的信息资源，开发出实用又可靠的远程教育信息系统，构建好学生教育资源共享平台。充分利用信息网络平台，建立起学生招生与就业指导于一体的全方位信息平台。

8）建设教育拓展平台，拓宽专业口径，优化专业结构。大力发展对学生有吸引力的特色优势专业，打破校际之间的壁垒，集中各校优势专业资源，为在进修学习的外国留学生提供更多的专业学习机会。充分发挥中国传统文化优势，开展书法、民俗、京剧、武术、中医等特色教学，增加跨校选修课，开设一些跨学科或文理相结合、科学技术与人文、社会科学相结合的课程，打造"多元化"的装备制造卓越人才教育体系。

（二）构建多元主体的质量保障体系

1. 目前背景

《国家中长期教育改革和发展规划纲要（2010—2020 年）》明确规定，要把人才培养质量提升作为高职院校的中心工作。同时，人才培养水平高低也是政府、社会、高职院校和学生共同关注的焦点。从哲学的范畴来分析，系统论主要核心思想是：任何系统都都存在其一定的功能与结构，其整体功能效益不是简单的等同于各局部的功能效益之和，而是一加一大于二。把教育资源实现共享，也就是将各自独立的学校、教育机构、行业企业以及社会系统相互融合，通过开放共享，把它们有机地联系起来，最终实现有效地利用整个系统的教育教学资源。由此可见，对于装备制造国际化技术技能人才培养这个系统工程而言，必须认真考虑各个组成部分之间的异同，有机地协调各相关要素，真正发挥出其整体的强大功能[23]。

2. 质量保障体系组成

人才培养质量保障体系简而言之就是，各个与高职院校利益相关体在各个层面共同作用的结果。高职教育人才培养过程中的各要素的相互联系与相互作用的过程，包含政府、社会、企业及学校等诸多质量保障主体。其基本要素主要包含目标、主体以及环境保障，这些要素之间相互联系又相互制约，相互协作进而共同保证高职教育质量的提升，对高职院校教育教学的发展具有自我约束和自我改进的作用。

3. 实施案例

以湖南工业职业技术学院博世班、中加班等为例，在教学质量保障方面，由中国、德国、加拿大等学校、企业多元主体实施教育与评价，在每个学期开学初、学期中和学期末组织学生进行关于双语教学方面的座谈会，认真布置工作、反映问题、总结成果。每个班级学委每周将该教学周所学的所有双语内容记录下来，每学期中和期末由学生代表通过座谈和书面两种方式对展开双语教学的老师进行意见反馈，有效保证了教学质量的稳步提高。学校装备制造类专业中外合作办学中，双方任务分工明确，形成了多元主体的质量保障体系。在中加班中的我方主要负责向我国教育主管部门申报国际合作项目，保证加拿大方拥有对相关课程内容等的所有权，我方所使用的加方品牌应该在加方授权下才行；我方负责提供教育教学场地和设备设施，并定期进行维护；我方主要负责培训学生的语言工作，使得学生的语言水平达到加方的要求；我方主要负责招生、市场推广和学生管理工作；我方派督导与加方教学督导协调相关教学工作；我方积极协助加方人员办理来华签证，为加方提供所需的便利条件等。而加拿大方主要协助我方的学生招生工作，为学生办理在加方注册手续；加方提供英文母版的课程标准和相关学习细则及考核标准；加方免费通过虚拟校园提供和复制授课相关材料；加方与我方共同承担学生毕业设计指导任务；加方与我方共同参加开学典礼和毕业典礼，并颁发加方文凭。

4. 主要思考

在国际化办学中，高职院校要实现卓越技术技能人才的培养，实现效益最大化，就要考虑构建出统一的国际化人才培养制度，采取多元化的教育教学管理措施[24]。通过设立二级院教学督导，督促国际化教学工作的顺利推进。建立多元化规范化的考核制度，在外语、专业理论知识、专业实操技能方面定期组织考核考试，对学生的国际化能力进行综合性的判断。在对外合作办学方面实施统一管理，对合作单位的选择实现多元化，不断拓展与不同类型的国内外企业以及不同层次的高职院校开展交流合作。同时，要贯穿学生就业导向理念，以培养学生的复合型职业能力为核心，开发出一系列优秀的课程和资源，全面落实建设出一批"国际化、复合型、双师型"的教师队伍，全程坚持国际化管理。通过这些措施的落地，确保高职院校为国内外劳动力市场培育出卓越创新型高素质人才。

（三）构建互利共赢的协同保障机制

1. 提高教育投资收益，促进互惠共赢

教育经济学认为：教育投资是通过教育成果，即由教育所形成的劳动者的知识和技能获得经济效益的。若能降低教育成本，或者在成本不变的情况下增加教育成果，那么相对来讲，就会提高教育投资的收益率。当前随着国际化教育资源需求的不断增大，教育资源供求矛盾日益尖锐，由此所造成的院校之间的激烈和无序竞争，加大了地区以及院校间国际化教育水平的差距和教育资源分布的失衡。资源配置效率低下，严重制约着国际化教育事业的发展。因此，国际化教育资源共享的核心离不开降低教育成本并提高整体效益。

与此同时，高职院校教育教学质量保障体系的建立就必须考虑学校本身的发展、校内教师发展和招收学生发展多元主体价值诉求，只有达到和谐统一，方能更有效提升教育教学质量。得到提升和发展是学生作为高等教育质量的内在价值需求，以人为本主最终体现在学生的综合能力和人格发展上。能否充分调动各个保障主体的能动性、是否协调好了各利益主体的价值诉求是内部质量保障的关键。真正做到以人为本，要充分体现人在质量体系中的主体地位，充分调动人的各方面积极性。确保教师和学生在教育教学中的主体地位，实现高职院校发展，完善内部质量保障机构，彰显教育教学质量文化[25]。

2. 保障措施

目前高职教育的保障措施主要包括创新四个保障，即在制度、资金、人员和技术上的四个保障。

（1）制度保障

由高职院校联盟成员统一讨论修改，形成一系列行之有效，可操作性

强的规章制度，优化奖励机制。通过绩效评价和年度月度目标考核，强化激励机制，对在海外办学中做出贡献的团队或者个人给予相应的奖励，树立好榜样，同时对在办学中执行不力的责任人加强管理和监督，并按照学院规定进行相应的责任追究。

（2）资金保障

近年来，我国政府加大了对公派留学和自费留学的支持力度。湖南工业职业技术学院则积极响应国家在国际化人才培养方面的政策，对项目资金实施专人管理，专款专用，确保国际化技术技能人才的顺利培养。

（3）组织保障

湖南工业职业技术学院一方面借鉴国内先进的高职院校管理方法，另一方面，结合自身实际情况，形成了自己的组织保障模式。比如，实行了海外国际化人才培养项目组长负责制，其主要职责是：负责编制并向对外合作交流办公室报送项目实施方案；依据国际化人才培养项目实施方案，分解任务，确定子项目负责人；根据项目实施方案中的预期目标，完成各项建设任务，保证项目建设进度和项目建设质量；检查和监督各建设项目的实施情况，定期报告项目建设进度，研究解决、及时报告项目建设过程中出现的问题；严格执行国际化人才培养资金使用和管理办法，制定国际化人才培养项目分阶段预算方案，认真做好项目建设的自我监控；全面接受各级教育、财政、审计部门和项目主管部门及监督部门所进行的评估、审计、检查和考核等。

（4）技术保障

依托湖南机械装备制造职教集团，建立"装备制造产业发展同盟"，夯实多方联动的产学研协同创新平台；主动适应装备制造产业升级发展需求，动态优化专业结构和专业群资源配置；准确把握国际化卓越人才岗位能力要求和技术发展动态，推进国际化人才培养模式改革，动态优化装备制造专业群课程体系；校企合作共建、共享专业教学资源，完善实习实训条件；以培养和管理机制创新为突破口，优化教学团队结构，提高师资整体水平；完善校企长效合作机制，深入推进专业群共建和产学研协同创新；发挥装备制造类核心专业群的引领作用，全面提高国际化人才培养质量和社会服务能力，引领先进装备制造产业的发展，服务区域经济的转型和升级。

1）装备制造业国际化人才需求实时传感体系的构建。

完善"定点监测+定期调研"的专业调研制度，健全适应产业优化升级的专业动态调整机制。构建装备制造业国际化人才需求实时传感体系，及时获取机械装备制造行业企业技术发展动态和岗位能力素质要求变化，形成对接装备制造企业岗位需求，适时调整装备制造类专业人才培养方案的专业动态调整机制，大力提升国际化人才培养质量，更好地为装备制造行业企业发展服务。

2）创新国际化卓越人才培养模式，推动课程教学与课程资源改革。

探索"校企双元主体、工学共同交融、持续强化外语"的多样化国际人才培养模式，开展"现代学徒制"培养、"卓越工艺师"培养以及"汽车医生"等高端装备国际化制造人才培养，大力开展"订单班"培养。系统构建"基础通用、模块组合"的国际化人才培养专业课程体系。完善企业、学生、第三方评价机构参与的多元质量评价体系。依托超星平台等，大力开展课程资源建设与改革。

3）实施"大师、名师、外籍专家"工程，打造一流教学团队。

建设一支以企业大师和高职院校名师为引领，国家级专业教学团队为核心，融合外籍专家，专兼结合的高水平专业教学团队。加强校企人员的互聘互派，试行"双岗双责"考核机制。建立"名师工作室""技能大师工作室""教授工作站"等。

4）完善校企"协同创新"机制，释放装备制造专业集聚发展效应。

深化"校企融合、协同创新"的校企长效合作机制建设。组建"装备制造产业发展同盟"，校企共建华中数控等企业学院，探索以"股份制"形式校企共建"工程机械技术服务中心"等"校中厂"实训基地的模式。

联合开展国际化人才培养和技术创新，建立技术创新和研发中心，引领行业新技术的应用和发展。完善"全程监控、科学高效"的国际化人才培养教学管理机制，健全信息化教学管理体系。完善多方参与的多元化教学质量评价机制和就业监控管理体系。

参考文献

[1] 王红丽．区域经济背景下国际化人才培养模式探析[J]．中国成人教育，2014（15）：37-39．

[2] 沈鹏熠．"一带一路"倡议下我国高校国际化人才培养研究 [J]．职业技术教育，2017（31）：32-36．

[3] 关帅锋．基于中外合作办学的职业教育国际化人才培养模式[J]．教育与职业，2014（17）：21-23．

[4] 刘向辉．论高等教育中外合作办学现状及机制创新[J]．黑河学院学报，2012，3（6）：55-57．

[5] 张超，杨延．高等职业教育教育中外合作办学现状及分析——基于教育部中外合作办学监管工作信息平台数据的统计分析[J]．天津市教科院学报，2017（4）：52-55．

[6] 杨建峰．基于中外合作办学的机械专业人才培养模式研究[J]．中国电力教育，2014（14）：32-33．

[7] 裴甲美．天津市高职院校联盟化发展的 SWOT 分析及策略研究[J]．职教通讯，2015（34）：58-61．

[8] 刘恩伶．我国高校校际合作与人才培养模式的创新[D]．济南：山东大学，2010：22-23．

[9] 刘恩伶．我国高校校际合作与人才培养模式的创新[D]．济南：山东大学，2010：47．

[10] 玄成贵．高等职业教育国际化人才培养战略研究[D]．天津：天津

大学，2009：39.

[11] 杨继良. 高职院校国际化酒店管理人才培养模式的研究[J]. 考试周刊，2011（54）：205.

[12] 宫爱红，胡明茂. 面向汽车装备制造业人才培养模式的探索与实践[J]. 考试周刊，2015（71）：170.

[13] 陈俊，孙建光，刘玉君. 基于国际化人才培养目标的大学英语教学多元评价体系构建[J]. 云南农业大学学报：社会科学版，2013，7（6）：103.

[14] 仉惟嘉. 辽宁省高职院校国际化人才培养模式调研报告[J]. 辽宁经济，2017（4）：64-65.

[15] 曹晔，汤生玲. 中国职业教育产教结合形式的探讨[J]. 广东技术师范学院学报，2007（9）：81-85.

[16] 成都航空职业技术学院官网. [EB/OL]. http://www.cap.edu.cn/campus/xygk/xyjj/，2017-05-27.

[17] 陈玉华，刘建超，熊熙，等. 提升产学合作层次 构建人才培养新模式——数控技术应用专业产学合作教育的探索与实践[J]. 成都航空职业技术学院学报，2004，20（1）：3.

[18] 陈玉华，刘建超，熊熙，等. 提升产学合作层次 构建人才培养新模式——数控技术应用专业产学合作教育的探索与实践[J]. 成都航空职业技术学院学报，2004，20（1）：4.

[19] 陈玉华，刘建超，熊熙，等. 提升产学合作层次 构建人才培养新模式——数控技术应用专业产学合作教育的探索与实践[J]. 成都航空职业技术学院学报，2004，20（1）：5.

[20] 赵志群. 职业教育工学结合一体化课程开发指南[M]. 北京：清华大学出版社，2009.

[21] 赵志群. 职业教育行动导向的教学[M]. 北京：清华大学出版社，2016.

[22] http://www.docin.com/p-1498100729.html．天津市高职院校国际化资源共享平台建设．

[23] 徐中兵．多元主体视角下的高职院校内部质量保障体系研究．阅江学刊[J]，2015，8：11-14．

[24] 王书丹．高职院校国际化人才培养模式研究[D]．西安：西安建筑科技大学，2015，6：30-31．

[25] http://www.docin.com/p-816931489.html．国际化人才培养体系建立．

第四章　服务装备制造业的高职国际化卓越教师培育

高质量的教师队伍是高职院校培养人才的重要支撑，卓越教师是师资队伍的重要组成部分，无论是对于学校文化底蕴的营造、教师品德修养的提升和专业能力的培养，还是教师个人事业的发展，卓越教师都将发挥十分重要的作用。卓越教师队伍的建设水平同样也是衡量高职院校文化软实力的重要标志之一。

一、卓越教师内涵与特征

（一）卓越教师概念

1. 卓越教师概念

对于卓越教师，国内外学者曾给出各种不同的定义。如加拿大学者Bereuter认为卓越是一个连续的动态过程，他们以"极大化"的方式处理教学事务，以其最大的努力去完成工作任务。袁红萍认为卓越教师应该是文化底蕴深厚、知识结构完备、学术视野广阔、实践能力过硬、通晓教育规律、为人师表、具有崇高的职业道德和人格风范、善于学习反思、具有强烈的创新意识、积极影响并带动他人共同提高的杰出教师[1]。刘剑玲认为卓越教师是"伴随教师专业发展过程始终的一种专业追求的理想境界"。祁占勇认为卓越教师是能够创新而卓著地开展教育活动的优秀教师，在深层次上应该是研究型、学者型、专家型、魅力型、个性化教师的合体，具有为人师表的人格风范、健全的法制观念、强烈的创新意识、良好的研究能力、深厚的文化底蕴和完备的知识结构等基本素养[2]。王志广（2013）认为卓越教师的"卓越"内涵是对其发展阶段的质性描述，是对其发展高度的定性评价，即优秀中的杰出代表。同时，"卓越"是一种开放姿态和不断超越的过程，是自我不断完善、发展与革新的动态过程。

还有学者认为卓越教师应该能够创新而卓越地开展教育活动，从某种程度上讲，他们应该集研究型、学者型、专家型、魅力型、个性化特征于一体，在为人师表、遵纪守法、团结协作等方面具体杰出的表率作用，还应该具备良好的创新能力、深厚的文化底蕴和渊博的知识结构。湖南农业大学周先进认为，所谓卓越教师，就是指具有高尚的道德素养、正确的价值取向、科学的组织管理能力和专业发展能力的优秀教师[3]。实际上，卓越教师只是对高素质优秀教师的一种预期，无法给出明确的界定和能够和量化的标准。为便于确定培养标准，制定针对性的培养方案，结合上述观点，笔者认为卓越教师应当具备出色的道德修养，杰出的专业能力，良好的沟通能力和永不满足的进取心。

2. 高职院校卓越教师的关键特征

卓越教师的关键特征是辨别卓越教师与其他教师的核心依据。美国学者弗德曼认为，卓越教师的关键特征包括：能激发学生兴趣；讲解清晰易懂；精通所授学科知识，精心备课；热爱所在学科的教学工作；关心、尊重学生，能给予学生有效帮助和指导；包容开放，鼓励学生质疑和讨论[4]。肯·贝恩则认为卓越教师关键特征包括做人和做事两个方面。在教学上，卓越教师必须遵循 7 个基本原则：①打造一个批判的学习环境；②引起学生注意并持续保持；③从学生本身而不是从学科出发；④确定责任；⑤帮助学生进行课外学习；⑥帮助学生从专业角度思考问题；⑦创造多元化的学习体验[5]。

我国学者对于卓越教师的关键特征同样观点不一。有的认为卓越教师的关键特征为：①全身心地关注学生及其学习；②精通教学内容；③掌握教学技能；④全面掌控教学过程；⑤善于总结和学习先进教学经验；⑥具备团队精神。有的则从教学学术和实践角度分析了卓越教师的关键特征：第一，卓越教师的关键特征是一个整体概念（Holistic Concept）；第二，卓越教师的特征既具有共性，更体现教师自身的个性和特殊性；第三，对卓越教师基本特征的分析应当考虑不同地区的文化传统和不同类型院校的发展定位；第四，对卓越教师特征的研究和关注也是对博雅教学学术内涵的进一步发展，其目的在于突出教师教学工作的专业性[6]。上述研究成果多是从逻辑思辨角度进行的分析与概括，在形式上描述卓越教师的特征或特质，并无一定的实证数据支撑。笔者在多年从事高职教育教学工作经验的基础上，通过研究与总结，归纳出高职院校卓越教师以下几个关键特征：一是对职业教育的高度热爱和责任心；二是不断吸收行业最新技术并有所创新的进取心；三是具有积极研究和不断改进教育教学方法，帮助学习提高自由学习能力的核心素质；四是在一定范围内引领行业发展的应用技术开发和服务能力。

（二）服务装备制造业的高职国际化卓越教师内涵特征

高职教师是高职院校人才培养的核心保障，"中国制造 2025"对装备制造行业的员工提出了新要求，也对技术技能型人才的培养提出了新要求，这使得以装备制造业为服务对象的高职院校教师面临着新的挑战。为适应装备制造业的产业升级要求，高职院校的人才培养的理念、目标、方法和培养途径等方面均需要进行变革。一方面，传统制造业正在向现代制造业、智能制造转变，这就需要高职院校培养具有创新思维和跨产业协作能力的人才。在这种情况下，高职院校教师自身的工程实践能力和创新思维能力必须有质的提升。另一方面，装备制造业的工艺和技术创新与员工的技术技能能力、自我学习能力和多专业协作能力密切相关。为使高职院校培养的学生适应装备制造业的需要，就必须使人才培养方案和课程体系适应装备制造企业的需要，同时还要加强教师的引导教育和言传身教，着力培养学生的工匠精神和职业道德。

1. 服务装备制造业的高职国际化卓越教师的内涵

职业教育是指让受教育者获得某种职业或生产劳动所需要的职业知识、技能和职业道德的教育。其目的是培养应用人才和具有一定文化水平和专业知识技能的劳动者，与普通教育和成人教育相比较，职业教育侧重于实践技能和实际工作能力的培养。

习近平总书记在党的十九大报告中指出，"完善职业教育和培训体系，深化产教融合、校企合作"，为高职教育在新时代推进内涵建设和创新发展进一步指明了方向。党对高职教育改革的总方向与重点实施举措做出了明确的指示，这为进一步促进我国高职教育的发展，培养适应社会市场需求的技术技能型人才提供了政策上的有力保障。

服务装备制造业的高职教育是以装备制造业为服务对象，对装备制造业的就业者开展现代化生产技能的培训和专业知识教育，是服务于装备制造产业的教育。

服务装备制造业的高职国际化卓越教师是指具备高超的装备制造类专业水平、杰出的科研能力、出色的外语水平和教学水平的高职骨干教师、教学名师和顶级教师的卓越教师人才，即"国际化"高职师资人才。

2. 服务装备制造业的高职国际化卓越教师的特征

职业技术师范人才培养具有师范性、学术性和技术性的一般特征，同时服务装备制造业的高职国际化卓越教师具有特殊性，系统地概括为具有行业性、卓越性、教育性、技术性和国际性的特征。

（1）行业性

积极开展产教融合、校企合作，为地方经济服务是高职院校的重要任务之一。高等职业院校要密切产学研合作，培养服务区域发展的技术技能人才，重点服务企业特别是中小微企业的技术研发和产品升级，加强社区教育和终身学习服务。我国不同地区有着各自的支柱和优势产业，高职院校应该根据自己的办学特色，选择合适的产业开展产教融合、校企合作，开展技术服务和科技创新活动。服务装备制造业的高职国际化卓越教师必须及时了解本地区装备制造行业的要求，努力融入企业文化，不断学习和提高专业技能。

（2）卓越性特征

服务装备制造业的高职国际化卓越教师对人才综合素质的要求与一般的高职教师有所不同，它不仅要求高职师资具有专业的技能知识，更要求职教师资在"专业水平、科研能力、外语水平、教学水平"等方面具备较强的综合素质能力，以彰显其自身能力的突出性。

（3）师范性特征

高职教育的专业设置与课程改革必须要与装备制造业发展的人才需要相适应，在师资培养环节注重职业技术教育师资队伍素质的建设是高职教育发展的有力保障。目前我国高职教育发展过程中，师范性是高职教师应具备从事高职教育活动的基本品质和技能。

（4）技术性特征

服务装备制造业的高职国际化卓越教师的教育对象是服务于生产和建设一线的技术技能性人才。因此，在高职卓越教师培养中需要特别强调岗位的技术技能学习，并要有较强的创新能力，能够根据发展需要不断更新、提升实际需要的技术技能。这不仅要求服务装备制造业的高职国际化卓越教师具有较强的业务素质，还需要针对装备制造行业生产环境开展生产性实训的教学。高职教师精通所教授科目的理论知识是解决教什么的问题，培养拥有什么技术能力的人才，那就要掌握丰厚的教育科学知识，懂得运用教育规律。这就要求教师不仅有较高的学术水平，而且要有教育理论和技能的知的识。

"中国制造 2025"提出要针对制约制造业发展的瓶颈和薄弱环节，加快转型升级和提质增效，切实提高制造业的核心竞争力和可持续发展能力。到 2020 年，基本实现工业化，制造业大国地位进一步巩固，制造业信息化水平大幅提升，制造业数字化、网络化、智能化取得明显进展。所谓制造业信息化，就是信息化与工业化深度融合，制造业进入"互联网 +"时代，传统制造向智能制造升级。在这个背景下，装备制造业面临着极大的机遇，高职教育同样面临着巨大的挑战。高职教师则更是要经受数字化、网络化、智能化在制造业和教育领域所带来的多重挑战。

制造业技术的快速发展要求服务装备制造业的高职国际化卓越教师具有先进的教育理念、引导学生建立起终身学习和不断反思的理念。终身学习是现代经济社会发展的必然要求。当代社会是一个学习化社会。不断反思的理念要求服务装备制造业的高职国际化卓越教师要不断完善自我，紧跟甚至引领制造业技术发展的步伐。

（5）国际性

"一带一路"倡议和装备制造业走出去战略的实施，我国制造业必将迅速扩大海外市场，同时也将面临国际性企业的竞争。一方面，我国制造业走向世界，占领国际市场，迫切需要一批熟悉掌握制造业国际标准，了解世界技术发展前沿的技术人才。另一方面，为开展对外技术交流和技术服务，这部分技术人员同样需要具备较强的跨文化国际交往能力、国际活动能力，在全球范围内寻找和配置资源的能力。为培养这类国际化人才，显然就需要有一批能够熟悉掌握国际交流工具、具有较高的教学水平和学术水平的国际化教师。

二、卓越国际化师资队伍现状认知

2018 年 1 月 20 日，中共中央、国务院发布《关于全面深化新时代教师队伍建设改革的意见》，对新时代教师队伍建设作出顶层设计。其中明确了新时代教师队伍建设的目标任务：经过 5 年左右努力，教师培养培训体系基本健全，教师职业吸引力明显增强。教师队伍规模、结构、素质能力基本满足各级各类教育发展需要。到 2035 年，教师综合素质、专业化水平和创新能力大幅提升，培养造就数以百万计的骨干教师、数以十万计的卓越教师、数以万计的教育家型教师。教师主动适应信息化、人工智能等新技术变革，积极有效开展教育教学。尊师重教蔚然成风，要让人民教师在岗位上有幸福感、事业上有成就感、社会上有荣誉感，教师成为让人羡慕的职业。这充分体现了党中央、国务院对我国教师队伍建设建设的高度重视，这是教育界一件大喜事。它为我们高职教育师资队伍建设指明了方向。

教育部部长陈宝生在 2018 年 3 月 16 日在第十三届全国人大一次会议的记者会上表示，教育本质上是经营未来的，因为我们提供的人才是未来的人才，为未来培养人才。而未来是不确定的，这就需要为未来生产人才的人必须是高素质的人。从总量来说，必须要有一支宏大的为中华民族伟大复兴服务的教师队伍。从存量来说，现有的教师要不断提高素质，从而为社会提供优质服务。从增量来说，就是必须培养好未来的老师。教育部正在制定教师教育振兴行动计划，在过去经验基础上对师范教育进一步做顶层设计，确定培养目标、培养重点和政策措施，把现有的师范院校办好，让他们充分发挥作用。在资源配置方面，向师范教育提供一定程度的倾斜。因为这是教师的"母机"。另外允许和鼓励其他高校，特别是综合类大学兴办师范教育，发挥综合类大学的优势，为教师队伍建设开辟一条新的通道。现在已经出台了一些政策，后续还有相应的标准方面的建设措施。按标培养，确保培养的质量和水平。

当前，随着国家一带一路建设深入推进，装备制造业迎来了大发展的良好机遇，而装备制造业的全球化发展对国际化人才需求日益强劲。作为服务装备制造业"走出去"战略的国际化人才培养必然迈向国际化，这已成为我国职业教育发展适应全球化发展的迫切需要，而装备制造业国际化卓越人才培养离不开一支高素质的师资队伍。装备制造业国际化卓越人才培养迫切需要一支具有国际视野、全球眼光、在国际职业教育界知名的教师队伍。培养这样一支团队必须从师资人员结构、知识文化结构、经历学缘结构等整体考虑。必须有各级政府对职业教育的重视与支持，各职业院校要坚定信心，克服困难，科学地做好师资发展规划，要把师资队伍国际化培育培养工作作为当前一项重要而且紧迫的工作来抓。

（一）卓越国际化师资队伍现状

1. 国外国际化师资队伍现状

美国、欧盟、日本是全球高等教育国际化程度最高的国家或地区，吸引了全球各地的优秀人才，打造出全球顶尖的教学团队，这是他们的高等教育取得领先优势的关键。

美国是当今国际上高等教育事业最发达的国家之一，其高等教育国际化处于世界前列。美国拥有一支高水平的国际化师资队伍是其决定性因素之一。美国各高校高度重视师资输入上的"远缘杂交"和师资队伍来源上的多样化多元化，注重教师个体的不同文化背景。各高校都形成了科学规范的人才引进和教师质量提升规划。一方面通过打造优质的科研平台和提供丰厚的物质待遇吸引延揽全球高水平人才；另一方面在师资队伍国际化培养的进程中十分重视本土教师的国际化交流，为教师提供各种国际交流的机会，在这种交流与合作中不断提升师资队伍的国际视野和国际理念。欧洲各国则在各高校中倡导教育一体化，提出"一个教育的欧洲"这一空间目标，推动高等教育欧洲化。在师资培养方面设立面向国际、涉及跨文化的科研项目和课程计划，鼓励教师在欧盟内部各国高校之间流动，同时各高校不断招揽国外优秀学者，提高队伍的国际化水平。日本在 2000 年制定了《教育振兴基本计划》，提出"从教育应对全球化的试点，将在教育的所有领域推进国际交流"；2005 年日本文部省将各高校的国际化交流提升到国家教育整体国际化的国家战略高度。各高校纷纷增加外籍教师聘用名额，完善吸纳国外研究者的体制，加大国际型人才引进力度，逐步培养了一支具有国际视野和创新精神的高水平国际化师资队伍[6]。

2. 国内高校卓越国际化师资队伍的培养现状

《国家中长期教育改革和发展规划纲要（2010—2020 年）》中明确指出："振兴民族的希望在教育，振兴教育的希望在教师"。随着全球化的不断向纵深发展，教育国际化是必然趋势，而教育的国际化必然要求培养一支具有国际视野和国际水准的高素质国际化师资队伍，这是我国高校实现教育国际化，提升国际影响力的基本条件和重要保障。2015 年湖南省教育厅下发的《关于实施湖南省卓越职业院校建设计划的通知》，在教师队伍建设方面提出卓越职业院校要通过三年建设，在师资队伍建设方面最终要形成"名师领衔、骨干支撑、具有国际视野"的卓越国际化师资团队。

随着中国产能和装备制造企业"走出去"及沿线国家重大项目建设的步伐加快，为装制造业培养适应国际化需求的人才的职业教育"走出去"成为必然。截至 2016 年年底，中国企业在"一带一路"沿线国家建立初具规模的合作区 56 家，累计投资 185.5 亿美元，为当地创造就业岗位 17.7 万个。然而，中国企业在推动"一带一路"建设时面临着巨大的人才痛点。一些发展中国家没有成熟的产业和完善的职业教育人才培养体系，装备制造业、建筑行业、交通运输业多呈"人才洼地"状态，中国企业需要大量一线技术工人，这就急需中国职业教育"走出去"，培养既懂中国技术和设备标准，又懂外语的技能型工人与海外项目管理、运营、维护的全链条人才。

进入 21 世纪以后，我国高校特别是本科高校逐步开始重视高等教育国际化发展。其中在推进师资队伍国际化建设上主要从三方面进行。一是师资队伍中外籍专家学者和具有境外文化背景的教师比例不断上升；二是教育行政部门、地方政府和各高校积极鼓励支持教师赴国外学习研修与交流；三是广泛开展多途径多形式的国际学术交流和教育国际合作。特别是通过"211 工程""985 工程"和"双一流大学建设"等国家主导的战略项目的持续推动，各高校特别是重点高校师资队伍国际化水平有了显著提升。

虽然目前国内不少本科学校的师资队伍国际化历经近 10 年培养已初具规模。但就培养装备制造业走出去战略所需的大量技术技能型人才的高职院校而言，还刚刚在少数国家示范和骨干院校中起步，对于整体而言，建设相对滞后。

一些高职院校每年都会利用寒暑假期间公费选派部分中青年骨干教师赴国外或境外短期培训研修考察学习。例如国家示范性高职学院湖南工业职业技术学院已连续多年公派专任教师赴新加坡、德国、加拿大、美国以及我国台湾地区研修培训。

近年来，各地方教育行政部门也加大了对职业教育师资海外进修培训的支持力度，每年也会给职业院校提供一些海外人才培训的指标，这对职业院校师资队伍建设起到了很好的提升和促进作用。如近年来利用亚行教育贷款项目各高职院校选派了一批专业教师海外培训就收到了良好的效果。

近年来，各高职院校采用请进来的方式，纷纷聘请外籍教师来校任教，或长期担任专业教学或短期讲学或学术交流或科研合作，形式灵活多样。

（二）卓越国际化师资队伍建设存在的问题与困境

就整体而言，目前各高职院校教师队伍国际化建设还停留在"低、散、窄"的状态。前面所提到的培训一是面比较窄，只有少数教师参与，对整体师资队伍影响有限；大多为短期研修，浅尝辄止，走马观花，培训效果很有限。目前各高职院校教师的对外交流活跃度低、规模偏小、交流的形式也较为单一。虽然我国很多高校在师资队伍建设上取得了一定成效，国际化程度有了明显改善，但是，我国高职院校原有的师资队伍在年龄结构、学历结构、职称结构、学缘结构等方面有着先天的不足。学历层次不高，获博士学位教师的比例偏低；职称结构不合理，教授比例不高；学缘结构单一，"近亲繁殖"现象严重；学科结构不健全，知识体系更新不及时。这些情况直接制约着我国高校师资队伍国际化建设水平。各高职院校中具有海外学习工作经历的教师占比较小，师资国际化培养投入很有限，国际化进程缓慢，建设的体制机制尚未形成。

1）从师资队伍国际化培养方面看，存在着教师整体参与国际交流与合作的机会不多、教师整体国际化意识与能力不强、国际化教师队伍结构尚未形成、高职院校师资队伍国际化建设的体制机制尚未形成等方面的问题。高职院校的师资队伍建设缺乏对人才培养与人才引进的国际化顶层设计，把师资队伍国际化建设的重点仅放在了少数海外人才引进，忽视了整体教师队伍的国际化培训工作。师资队伍国际化建设的重点有待进一步突出，应把高职院校师资队伍国际化建设的重点放在主体教师队伍的国际化培养上，以提高整体教师队伍的国际视野和国际化意识，营造学校国际化发展的良好氛围。

以往对师资的要求主要强调人才的学历学位职称、双师型以及企业工作经历等，而对教师的外语应用能力和水平、海外学习工作经历则没有要求，这就导致我国高职院校现有师资普遍存在国际视野和国际交流能力不强，双语教学很难开展，加之受招生分数的影响，高职院校学生的基本能力特别是外语能力较低，也影响到双语教学的开展。

2）从海外高层次人才引进方面看，高职院校在延揽海外人才方面与国内一流本科院校比较，毫无竞争优势，更遑论与国外大学去竞争。国内高职院校财力物力有限，给海外人才提供的物质生活条件和待遇缺少吸引力，能提供给海外优秀人才施展教学科研的平台更是有限。另外，高职院校生源的外语能力同样也影响到外籍教师的教学的有效开展。这就造成不仅引进难留住更难。目前多数高职院校在聘请外籍教师方面仅限少量外籍语言教师（以外籍英语教师为主），真正意义上的外籍专业课教师很少（非语言类）。

3）从师资队伍国际化建设的制度机制方面看，存在制度缺失、机制不畅等问题。比如，高职院校普遍缺乏师资队伍国际化建设规范标准、与之相对应的考核激励机制不全，师资队伍国际化建设目标模糊、措施不力。对海外人才的国籍、养老、医疗保险等保障机制还未能与国际接轨。由于缺少相应机制，尚未形成适宜国际人才发展的成长环境，在海外人才引进上存在进不来留不住（引进教师"水土不服"）的现象，在外派教师上存在出得去回不来（"有去无回"）的现象，教师队伍国际化培养总体上还处于"零敲碎打"的状态。

高职院校装备制造类专业师资队伍国际化应定位于服务我国装备制造业企业在国家"一带一路"倡议中走出去的需要，开拓视野，培养具有国际竞争力的人才。身处这轮持续变革中的高职院校要把握机遇，下大力气提升师资队伍国际化水平，有了国际化的师资才能培养国际化人才；广大职业院校的教师应认清形势，主动迎接挑战，增强国际化意识，提升国际化能力，只有这样，才能培养国际化人才，满足我国装备制造业企业在国家"一带一路"倡议中走出去的需要。

三、卓越国际化师资队伍的素质

（一）专业和专业基本特征

1. 专业

"专业"一词最早是从拉丁语演化而来。原意是公开的表达自己的观点或信仰。德语中"专业"一词是指具备学术的、自由的、文明的特征的社会职业。

《现代汉语词典》中关于"专业"的解释是：①高等学校或中等职业学校中，根据科学分工或生产部门的分工把学业分成的门类；②产业部门中根据产品生产的不同过程而分成的业务部门；③专门从事的某种工作或职业。

2. 专业的基本特征

1948 年美国教育协会提出了关于专业的八个特征，即：①含有基本心智活动；②需要通过长时间专门训练；③拥有一套专门知识体系；④需要持续的在职成长；⑤提供终身从事的职业生涯和永久的成员资格；⑥建立自身的专业标准；⑦置服务于个人利益之上；⑧拥有强大的、严密的专业团体。

湖南农业大学周明星、周先进等学者在《乡村卓越职教师资培育导论》一书中提出，职业是社会分工的产物[7]。历史上畜牧业从原始农业中分离出来，人类开始第一次社会分工。现代社会生产的社会化程度分工日益提高，分工日益细化，职业分化复杂多样，相应专业也呈现多样忕。这些不同的职业和专业具有不可或缺的社会功能，对社会发展具有无可替代的推动作用。作为专业，它们通常要有一定的专业理论为理论支撑和较为成熟的专业技能作为技能保障。并建立起具有高度权威性的专业组织，以便对专业内的事务作出判断和裁决，如职业标准修订、执业资格和能力的审核、执业证的专业水平与品行的判断考核等。专业组织的重要职能有三：确定专业权限、制定专业标准和准则、提升专业地位。

（二）教师素质与素质结构

1. 教师素质

教师与医师、律师、神父并称为"四个伟大的传统专业"。作为一种专业，教师在从事其专业教育活动时必须具备一定的与专业要求相适应，足以保证其能专业活动所需要的知识技术能力素养，并且通过专业组织的考核认可，才能取得从事教师专业活动的职业资格。这就是教师的素质问题。

在当今，教师的素质问题已经是各级各类教育机构中一个最为核心的问题。在国内，20 世纪 80 年底就有喻梦林等学者最早对教师素质概念、教师素质的构成及特征进行探讨，他认为，"教师的素质是履行教师职责的主观的稳定因素，具有时代性、师范性、结构性、层次性、稳定性等特征。"此后又有很多专家对此进行了探讨。综合起来，主要有以林崇德、周建达、申继光、辛涛等为代表的心理学视角下的"教师素质说"，以甄德山、唐松林、白益民、徐厚道等为代表的"职业质量说"，以陈云英、陈德珍、张福成、陈平等为代表的"基本条件说"，以冯志亮、刘晓镛、谭荣波、孙耀霖等为代表的"综合要素说"以及以谢安邦、叶澜等为代表的"质量涵义说"等五种不同的教师素质概念及特征的表述。以上五种表述虽各有侧重，以"综合要素说"视角下的教师素质概念比较全面准确地反映了现代社会对教师素质的要求。冯志亮、刘晓镛等认为，教师素质是指教师基于社会需要、职业需要、个人需要和个人天赋而养成的人生观、价值观、与职业要求相适应的品质学识技能以及身心素质构成的有机结合体。

2. 教师素质结构

教师素质由哪些要素组成？各要素之间内在关系又是怎样？这就是教师素质结构问题。20 世纪 80 年代钟启泉从教师能力角度提出教师素质结构应包括专业学术知识、专业技术技能和教学实践能力三方面。马超山则提出教师素质由"动力系统、知识系统和能力系统"组成。20 世纪 90 年代以后，对于教师队伍素质结构的研究分为结构拆解取向、结构整合取向和多元视角取向三大流派。产生了将教师素质结构粗分为思想道德素质和业务素质两部分的"模糊二分法"（以苏民、李荣新等为代表），将教师素质结构拆分为品德、知识、能三部分的"核心要素三分法"（以林慧莲、林正苑、唐松林等为代表），将教师的素质结构化分为道德知识能力和身心素质的惯用四分法（以王松林、郭彩琴和柳友荣、贺祖斌、董文芳等为代表），以及后现代主义划分法、西方教育目标分类学视角划分法、多元文化视角划分法等观点。其中惯用四分法的观点比较具有代表性。这种观点认为教师的素质结构分为思想道德素质、知识素质、能力素质和身心素质四大部分。其中，思想道德素质包括政治思想、师德师风、道德品行等；知识素质包括普通文化知识、学科专业知识、教育理论知识等；能力素质包括教育教学能力、创新创造能力、教研科研能力以及社会交往能力、语言表达能力等；身心素质包括身体素质、生理素质、心理素质等[8]。

（三）高职院校卓越国际化师资素质结构

作为一种专业，教师专业自然具有它自身的专业素质要求。所谓专业素质就是指人们对从事某一职业或承担某一专业工作所需的专业技术知识和职业技能。对于卓越国际化师资来讲，专业素质是其从事教育教学工作、实现人才培养目标的基础和先决条件。它同样必须具备思想道德素质、知识素质、能力素质和身心素质四大部分。作为服务我国装备制造业走出去战略的卓越国际化师资来说这里重点就其应该具备的知识能力素质进行分析，主要包括以下方面。

第一，教学职业技能。教师的教学技能高低决定了教学效果好坏，是整个教学活动成功与否的关键。卓越师资队伍必须具备高超的教学艺术和娴熟的教学技能。

第二，职业技术教育的理论与方法。职业技术教育的理论与方法将影响职业技术教育过程的存在价值和社会效益，这是卓越教师应具备的基本素质。

第三，职业操作技能。卓越国际化师资队伍每一名成员必须具备高水平技能的操作与指导能力，才能培养出一流的技能型人才。

第四，技术理论知识和专业基础知识。卓越国际化师资必须具有卓越技术知识体系，保证专业教学内容的广泛性和超前性，以提高毕业生的多岗位技术适应性。

第五，职业指导理论与方法。以帮助学生做好职业生涯规划，开展职业指导。

第六，必须具备现代职业教育理念。包括现代职业教育观、创业教育观、创新教育观等，这是职业师资专业行为的基本理念支点。

第七，具有多层次复合型的知识结构。突出科学精神与人文精神、技能定向性与适应性、知识基础性与应用性的统一。

第八，卓越高效的工作能力，包括实践教学组织能力和职业教育研究能力等。加强实践教学是高职教育的重要环节，这就要求教师既要有理论，又要懂实践，具备双师型素质。而职业教育的研究能力则是教师追求卓越、走向卓越的重要内容。

第九，国际文化素质，包括跨文化交流能力、外国习俗、外国企业文化、外国当地法律制度等，要求具有宽广的国际视野，良好的外语能力。

第十，装备制造业的国际业务推广能力，包括全球发展趋势、发展战略、国外行业标准、生产标准、产品准入制度、国际营销策略等。

四、服务装备制造业的高职国际化教师培养策略

（一）围绕"一带一路"倡议，建立中外合作的师资交流平台

"一带一路"倡议的实施，为高职院校教师带来挑战的同时，也为他们提供了提高国际化能力的机遇。通过与"一带一路"沿线国家的交流，高职院校教师将在提升外语水平、掌握国际规则、扩展国际视野等方面受益。为此，高职院校要结合自身的办学特色和专业优势，选准突破方向，采取互聘互访、中外合作的师资交流，提高高职院校教师的国际化水平。

一方面，积极邀请"一带一路"沿线国家教师来校进行学术交流，开展教学与科研合作。通过合作和交流，促使高职教师及时适应教育国际化、多元化的发展趋势，同时学习沿线发达国家先进的教育理念、科学的教育技术和教育手段，以促进高职教育向国际化的方向发展。

另一方面，随着科研和教学合作的深入开展，国内高职教师的国际化

水平的提高，我国高职院校师资也可以逐步输出到周边国家，既能帮助这些国家提高教育水平，又能使我国高职院校教师增加境外研修和学习就业的机会。

（二）"一带一路"倡议下高职院校师资队伍国际化建设路径

1. 正确认识"一带一路"倡议为高职师资队伍国际化建设带来的机遇

"一带一路"倡议要求装备制造业走出去参与国际竞争，这对技术技能型人才培养提出了新要求，同时也对高职院校教师提供了新的机遇。教师的国际化水平直接影响到人才参与企业国际竞争的能力。为更好地服务国家"一带一路"倡议和装备制造业走出去战略，广大高职院校老师必须积极参与国际交流合作，不断探索和实践先进的人才培养模式，提升师资队伍建设国际化水平。在实践中提升师资队伍国际化意识和素养，强化师资队伍的综合素质和能力，使其与国际水平接轨。

2. 政府部门的支持为师资队伍国际化建设提供政策保障

高职师资队伍国际化建设离不开政府部门的大力支持。教育行政主管部门和高职院校自身均要做好顶层设计，在政策、制度、方针、保障和可持续发展等做出规划。高职院校要主动研究国家和地方政府留学基金和资助留学生政策，认真制定教师出国研修制度，设立"教师境外培训基金""师资培训出国留学专项基金"，鼓励中青年骨干教师到国外一流学科专业进修、深造。

为高职院校师资队伍建设提供长期、短期相结合的海外访学、培训、交流与实践支持与资助，使高职教师的国际化培养之路有章可循，有经费保障，通过完备的制度帮助高职教师自觉地向国际化道路迈进。

3. 建设国际化教师培养基地为高职教师国培养提供教学保障

与"一带一路"沿线国家的院校、机构、行业、企业签订双边合作协议，建立国际化的教师培养实践基地。以基地为依托，以财政专项补助或学校自筹资金为保障，结合教师教学岗位和专业发展制定培养计划，有针对性地派遣教师、尤其是中青年教师到基地进行访问、学习和实践交流等活动。

（三）构建战略联盟、拓宽国际化视野

1. 研究国外文化背景，提升高职教师国际化素养

"一带一路"沿线国家社会制度、文化背景各不相同，高职院校要对此进行科学分析，必要时开展专题研究，帮助教师建立起尊重、理解、包容、专业和多样等价值观，有意识地培养高职教师的团队合作、创新精神、组织能力、勇于担责等交流合作所需要的素养，适应国际化交流的需求。高职院校还可派遣老师以国际访问学者身份，在沿线国家和地区长期生活和学习，深入了解当地的风俗人情、社情民意。

2. 成立高职国际合作联盟，开展多边合作

我国高职院校在与"一带一路"沿线有关国家和地区的院校、机构、行业和企业单位开展交流合作的过程中，应秉着开放包容、互学互鉴、互利共赢的理念，与对方建立起相互信任的机制。同时，国内高职院校之间应根据各自的专业优势和办学特色，组成高职联盟，力求资源整合，优势互补，按区域、行业建立职业学校国际合作联盟。联合开展协同创新、学术交流，共同与境外国家合作申报国际合作科研项目，实施双边甚至多边中外联合办学。

3. 搭建共享平台，创新合作机制

在中外合作单位之间、国内高职院校之间搭建国际交流信息共享平台、教师交流信息平台、课程资源共享平台，构建跨国（境）流动与远程培训相结合的师资队伍建设新机制。在与沿线有关国家的院校全方位合作中，不断提升自身教师国际化水平。

（四）加强高校与国内外制造业合作，打造产教融合的教师专业化发展平台

我国装备制造业近年来发展迅速，海外业务拓展很快。装备制造企业身处"一带一路"建设的第一线，在及时获取相关国家的经济发展信息和人才需求信息方面有着得天独厚的优势。高职院校应该加强装备制造企业之间开展产教融合，合作搭建产教整合型的教师专业发展平台，共同建立人才需求信息渠道，联合制定装备制造国际化技术技能人才规格的标准和国际化师资建设标准。

借助平台支持，帮助广大高职院校教师强化国际化交流水平，提高专业发展能力，以利于在更高层次上完善知识和技能体系。

借助平台支撑，高职院校可以积极引进海外人才。既可依托国家和地方政府制定的各种人才政策和计划，也可根据本校专业发展的需要，建立国外高层次人才引进渠道。通过人才引进，完善师资队伍结构，提高师资队伍整体的国际化水平。

（五）实行课程国际化，建立教育培训国际化的有效载体

所谓国际化课程，根据"经济合作与发展组织"定义，"国际化课程是一种为国内外学生设计的课程，在内容上趋向国际化"，旨在以英语这个全世界通用语言传授专业知识，以吸引外国留学生。

实际上，国际化课程绝不仅是世界通用语言传授专业知识。职业教育的课程通常包括人文素质课题和专业课程两大类。人文素质课程体系国际化可能通过开设专门的外国语言课程和外国历史文化来实现，专业课程是以传授技术为主的，学生除了要学习技术本身外，还应该要达到以下几个要求：①掌握本专业领域的技术语言在不同语文环境中的表达方式及其在全球化环境中的影响；②本专业领域技术本身对政治、文化、经济和生活的影响；③不同国家和地区之间同领域技术发展状况和程度；④本技术领

域的国际通过标准或通用做法。

事实上，国际化课程作为培养具有国际视野、掌握国际规则、能够参国际竞争的国际化人才的重要载体，其重要性得到了举世认可。世界上几个发达国家在课程国际化方面的做法和成效就很值得我们借鉴。德国将英语作为国际化学位课程的教学语言，其海外交流学生的比例近几年几乎翻了一倍以上；法国近 3 年新开设的国际化课程达 500 多门，同时实行了外国留学生与本国学生享受同等待遇的政策；丹麦有 15%国际化课程用英语教学；意大利仅都灵理工大学就招收了 4000 多名来自世界各地的留学生，其中亚洲的学生占到 26%。

共享型的国际课程更是受到了世界各地的学生们的青睐。美国加州大学洛杉矶分校规定，只要通过网络平台就可免费学习该校的全部课程，我国高职教师同样可以不出国门，在本地分享这些优质教学资源甚至还可获得相应的学历证明。美国麻省理工学院借助于开放式网页课程，把全校全部学科 200 多门课程制成网络课件，在互联网上共享，在全球范围内推广了麻省理工学院的教育理念。通过这些开放共享的课程，全世界的师生都能参与课程的学术活动，在这世界性的学习群体中，公开、自由地分享知识、交流思想，并从中获益。

要想使国际化课程发挥最大的效果，就需要不同国家的学生使用同一种教学语言，进行听课、学习、研讨互动。学习研讨内容，可以包括国际共享课程、本校网络教学内容，也包括企业素材和和实际案例。

江苏高职国际化课程的建设走在了全国前列。江苏高职院校按照职业能力本位的课程标准，以国际化课程实现教学过程的实践性、开放性和职业性。2014 年，江苏高职教育共有 19 个专业大类 306 个学历点招生，20 所高职院校招收 1880 名外国留学生，其中学历生占 52%。按照"引进—嫁接—本土化—国际化"的脉络，迅速提高了本省高职课程的国际化水平。

采取"走出去"与"引进来"并行的策略，帮助高职教育适应制造业走出去发展的需要，提升学校的国际影响力。如无锡商业职业技术学院等

5 所高职院校，相继在海外设立境外办学机构，就是为了顺应红豆集团等制造企业"走出去"战略和"一带一路"倡议。

（六）高职师资培养培训国际化

高职教师开设国际化课程，除了扎实的专业知识之外，专业课程采用外语教学是十分必要的，而高职师资队伍的外语水平历史是他们的短板，对此，不少高校均积极采取各种手段来提高师资队伍的国际化水平。

1. 引进外籍教师

如四川大学规定了每个学院至少有 2～3 门专业课程由外籍教师主讲。南京大学为加强海外教师的引进工作，专门制定了国际化课程建设项目实施细则。上海财经大学一次性引进了 70 多位优秀外教。华中科技大学在 2010 年和 2011 年先后邀请 150 名国内外知名大学教授来学校工作。高职院校引进外籍教师，直接参与专业课程教学，可有效地强化学生外语听说能力。

2. 组建中外结合教学团队，助推本土教师提高国际化水平

本土教师与外籍教师共同组成国际化课程团队，协同开展误程建设和人才培养工作，是优化师资结构、提高本土教师国际化水平的有效手段。世界许多知名大学的教师大都来自世界各地，如哈佛大学的教授中有 30%来自全球，其中不少是各专业领域世界级顶尖学者，甚至包括了诺贝尔奖和普利策奖获得者。新加坡高校教师中，有 50%教授中都是国际教授，教职员和学生分别来自全球 100 多个国家。团队中的外籍教师在整合课程资源，制定实施教学计划的过程中，在帮助高职教师转变教学观念、改革教学方式和提高双语教学能力等方面将起到十分积极的作用。

目前，在我国 2000 多所公办高校中，有半数以上有中外合作项目。通过引进原版教材、采取全英文教学、开展中外教师之间和师生之间的双边交流，派遣教师赴国外进行对口培训。通过上述合作交流，迅速提高了我

国高校教师的国际化水平。

3. 实施教师"走出去"战略

江苏省多年的实践证明，"走出去"是高职教育国际化的重要内容，也是提升高职师资队伍水平的重要手段，更是培养教师的国际意识、国际思维和国际交往能力的有效途径。江苏自 2000 年以来，已选派 1600 多名高职院校的专业骨干教师赴国（境）外进行专业培训、课程进修和攻读学位，参加国际学术会议和短期访学。苏州工业职业技术学院作为江苏省的示范院校，不断拓展国际交流，扩大了学院的国际影响，又拓宽了教师的国际视野，丰富了与国外同层次院校的合作。由全国高职高专校长联席会议和相关部门委托的第三方面向社会发表的国家高等职业教育质量报告，将国际合作与专业设置、产教融合、院校治理、教学资源等，作为考量高职人才质量的重要指标之一。教育部新近推出的《职业院校管理水平提升行动计划（2015—2018 年）》更是明确表示，包括国际化在内的教师培训经费不低于年度公用经费的 5%。所以，政府和教育行政主管部门对于高职教师国际化培养和培训，既从政策上进行了导向，也从经费上给予了保障。

五、高职师资管理与评价的国际化

江苏省明确规定每所高职院校至少要与国外一所同层次的优质教育机构建立起稳固的合作育人关系，并将中外合作办学纳入高职院校人才培养水平评估的指标体系。正因为这样的多措并举，并辅之以"留学江苏行动"计划和"茉莉花留学江苏政府奖学金"计划等，江苏留学生规模得以不断扩大，以年均 10%的速率递增，目前已近 3 万。根据《中缅职教留学生合作项目（江苏）（2016—2018）》，缅甸自 2016 年 3 月起每年选拔 100 名左右的优秀高中毕业生赴江苏高职院校学习，为期 3 年，首期开放机械、电子电信、旅游、农业、医护等专业，同时也为江苏高职进入缅甸教育体系打开了另一扇窗。管理就是服务，评价旨在提高。高职教师管理和评价中的一大服务项就是境外研修。近年来江苏政府留学奖学金、高校优秀中青年教师和校长境外研修计划，江苏教师海外培训计划等项目的资助力度不断加大，仅校长海外培修计划一项，就有 20 人左右的高职院（校）领导，获专项资助赴世界前 200 强高校脱产研修。从 2015 年起，高职骨干教师新增小组研修方式，即全省专业背景相近的同行组成研修小组，由国（境）外培训单位统一安排研修内容和导师团队，集中探究国（境）外先进的职教理念和人才培养模式及其本土化，同时开展本专业领域的学术研修。研修时间为 6 个月，江苏省财政资助每人人民币 10 万元，所在学校对每位研修人员配套 2 万元。由此，这一常态化的培训项目，常做常新、与时俱进。江苏对高职教师境外研修和国际化培训的管理和服务，其用心和深意可见一斑。江苏高职师资管理的国际化，不仅囿于境外研修项本身，还前延至国（境）前的外语培训服务。对所有入选教师，统一组织脱产进行 PETS5 化培训。正是有这样配套的专业化的外语培训，江苏高职骨干教师的访学、院校长跟岗研修和小组研修等，才如此红火和"接地气"。江苏 85 所高职院校现有 177 个合作办学机构和项目，总量占全国的 1/5。更重要的是，江苏高职教育的人才培养模式、课程体系、教学内容、教学方法和手段等与国际接轨程度高，注重系统培养学生的独立工作能力和国际化意识，一言一行、一招一式尽显应有的职业素养等，招生和就业的竞争力得以有效提升。2014 年，江苏 20 所高职院校共招收 1880 名外国留学生，其中学历生比例为 52%。基于对 11 所高职院校 38 个中外合作办学项目 1785 名毕业生就业情况的跟踪调查，2012 年毕业生一次就业率为 92%，比普通毕业生高出 2.33 个百分点。

在高职院校层面，可借力"十三五"规划来高起点地推进本校师资管理的国际化，聚焦 1～2 个可望步入国内乃至国际一流的重点专业，优先重点支持以师资国际化带动专业建设的国际化。

当下，高职师资管理和服务在实施和管理层面，可从岗位业绩考核、职称晋升等政策上体现对高职教师国际化的具体要求，并用心地做好引导和服务工作。毕竟国际化进程中最大的制约因素，如其说是水平不够倒不如说是观念滞后。即便是北京大学，其国际化进程也是先从理念更新入手，既依托专业的国际化，又服务于专业的国际化。

阅读材料

江苏师范大学建立卓越教师培养长效机制

江苏师范大学认真贯彻教育部教师教育改革精神，大力实施"卓越教师教育计划"，在探索实践中抓好"六大工程"，建立健全卓越教师培养长效机制，努力培养党和人民满意的教师。

——大力实施"条件保障"工程。深入推进学部制试点改革，有效统整校内各类教师教育资源，把分散在各个部门、学院的教师教育资源和仪器设备集中并入教育学部，把卓越教师培养任务交由专门机构、专职人员，使卓越教师培养工作层层有人抓、件件能落实，有效解决"资源共享难"问题。加强国家级特色专业、省优势学科、国家精品资源共享课、教育部教师队伍建设示范项目建设，加大教师教育技能训练中心、计算机房、语音室、多媒体课件制作室、微格教室、心理学实验室、学科教学论实验室、先进仪器设备配备资金投入，全面满足卓越教师培养各个环节的教育教学需要。

——大力实施"机制创新"工程。贯彻落实关于加强教师队伍建设的意见精神，尝试创建"1.5+2.5+（2+X）"卓越教师培养新模式。本科阶段，前1.5年，通过"博雅"教育，提升师德、坚定职业信念，强化人文、科学、艺术、信息化素养，后2.5年进行专业及教育科学教育；职后阶段，部分学生进入2年的"教育硕士"阶段；X指职后各种类型的教师"卓越化提升"教育，实现职前、职后阶段式培养"卓越教师"的目的。探索实施"三方协同"卓越教师培养新机制，以"目标驱动、高校引领、走向卓越"为特征，利用高校的理论优势、地方政府的资源平台和中小学

（幼儿园）的实践经验，以卓越教师培养为旨向，优势互补、资源共享、联动发展。

——大力实施"课程改革"工程。邀请地方教育主管部门、中小学共同参与制定卓越教师人才培养方案，坚持以基础教育需求为导向，科学设置卓越教师教育课程。采用弹性学分制，按照"核心课程+自选课程+双学位+国际化"的模式，构建由教师素养、教师教育、学科课程三个模块组成的卓越教师课程体系。加强师生课堂互动，积极推广启发式、案例式、研讨式、体验式等教学方法，鼓励使用模拟课堂、现场教学、情境教学、案例分析等教学方式，不断增加过程性评价、操作性评价、口试面试等评教环节，让课堂真正成为卓越教师学习知识、提升能力、启迪智慧的乐园。

——大力实施"实践提升"工程。重视中小学实践经验的辐射渗透，通过共建多种形式的"教学科研联合体"，在卓越教师培养中高校享用中小学（幼儿园）的教育实践资源和实践经验；中小学（幼儿园）利用高校的学术资源，在办学特色凝练、教师专业发展、校园文化设计、教学改革创新等方面获得理论指导，有效解决高校教师教育人才培养和基础教育用人单位供需脱节问题。加强与地方政府、教育行政部门合作，通过多种形式表达自身诉求、提供政策咨询建议，寻求地方政府的政策支持，为卓越教师职前培养和职后"卓越化提升"培训搭建平台。

——大力实施"师德养成"工程。探索师范生自主招生模式，增加现场面试环节，着力破解"想不想当教师"（乐教）、"能不能当教师"（适教）两个卓越教师培养工作的瓶颈。要发挥"润德讲堂"作用，教育引导卓越教师牢固树立长期从教、终身从教、献身基础教育的理想信念，自觉把"青春梦"融入"中国梦"。研制立体多元的"全国名师皆我师课程"，邀请中小学校长、特级教师、教学名师来校作个人成长历程报告，让学生现场感受名师的价值取向、人生追求、人格魅力。加强师德文化建设，组织开展"师德文化建设月"、师范生教学基本功大赛、"三字一话"技能大赛、教师职业道德知识竞赛、"我心目中的教师"征文比赛等系列活动，着力培养师范生的思想道德、职业追求，不断强化卓越教师的职业认可度、满意度和自豪感。

——大力实施"国际拓展"工程。积极适应经济全球化、技术信息化、教育国际化的发展要求，坚持以开放的教育姿态对话国际先进教育理念、培养眼界宽广的创新人才。借鉴北京师范大学免费师范生培养"国际视野拓展计划"的先进经验，与国（境）外高校及研究机构建立"联盟"，联手开展教育教学研究，共同承担卓越教师职前培养、职后培训，大量引入海外优质教育理论资源，有效解决目前社会对高师教育的高要求与高师教育优质教育资源不足的矛盾。加大外语教学力度，开设双语及全英文课程，强化外籍教师指导下的听说训练；开展"国际化宣传周"、英语综合能力拓展大赛、外语风采大赛等第二课堂活动；实施卓越教师海外学习计划，鼓励学生赴海（境）内外"游学"，努力丰富知识结构，不断提高跨文化交际学习能力。

——摘自江苏教育 http://www.ec.js.edu.cn/art/2014/9/18/art_4344_155599.html.

参考文献

[1] 袁红萍，张文明，赵玲珍．高职卓越教师的内涵分析及培养策略[J]．纺织服装教育，2017（6）：185.

[2] 祁占勇．卓越教师专业能力成长的合理性建构[J]．当代教师教育，2014，（03）：42-47.

[3] 周先进．卓越教师：内涵、素质及培养[J]．高等农业教育，2015-08-15：31-35.

[4] kenneth A. Feldman. The Superior College Teacher from the Students View [J]. journal of Research in Higher Education, 1976(5).

[5] [美]肯·贝恩．如何成为卓越的大学教师[M]．北京：北京大学出版社，2010：16-20.

[6] 康立华．地方高校师资队伍国际化培养模式研究[D]．西安．西安工业大学，2014（05）：25-46．

[7] 周明星，周先进，高涵，聂清德．乡村卓越职教师资培育导论[M]．长沙：湖南师大出版社，2016．

[8] 赵英．我国教师素质理论述评[J]．上海：上海教育科研，2013（04）：18-22．

第五章　装备制造业国际化技术技能人才培养典型案例

案例一　中加合作办学——联合培养机械制造与自动化专业

一、项目背景

（一）国家政策要求

中外合作办学是我国教育事业的重要组成部分，我国实行了扩大开放、规范办学、依法管理、促进发展的中外合作办学政策。通过中外合作办学引进了国外的优质教育资源、缓解了教育社会需求，减轻了政府办学经费的压力，促进了中西文化的交流，推动了职业教育课程国际化，带动高等教育和职业教育的改革与发展。教育部等六部委于 2014 年 6 月 16 日发布的《现代职业教育体系建设规划（2014—2020 年）》明确提出："鼓励职业院校与境外职业教育机构合作办学，鼓励引进国外优质教育资源、专业课程、先进的人才培养模式等，推动职业院校专业课程与国际标准对接。以省级以上示范职业院校为依托，建设若干个职业教育留学生基地。鼓励职业院校以团队方式派遣访问学者系统学习国外先进办学模式。" 2016 年 4 月 30 日，中国教育报刊发了《坚持扩大开放　做强中国教育》的文章，解读了中办、国办印发的《关于做好新时期教育对外开放工作的若干意见》。《意见》对新时期中外合作办学乃至于整个教育对外开放事业做出了科学的总体设计，是新中国成立以来第一份全面指导我国教育对外开放事业发展的纲领性文件，也是指导未来中外合作办学的纲领性文件。《意见》提出，要坚持"围绕中心、服务大局，以我为主、兼容并蓄，提升水平、内涵发展，平等合作、保障安全"的工作原则。到 2020 年，我国出国留学服务体系基本健全，来华留学质量显著提高，涉外办学效益明显提升，双边多边教育合作广度和深度有效拓展，参与教育领域国际规则制定能力大幅提升，教育对外开放规范化、法治化水平显著提高，更好满足人民群众多样化、高质量教育需求，更好服务经济社会发展全局。2016 年 12 月 28 日，国务院常务会议通过的《国家教育事业发展"十三五"规划》明确提出，要依法完善中外合作办学办法，提高教育国际交流合作水平。学校和办学单位也逐步重视做好顶层设计。教育部国际司组织有关力量起草了中外合作办学领域的三个重要文件，即《关于做好高等学校赴境外办学有关工作的通知》《关于高等学校举办中外合作办学机构和项目有关条件的通知》《关于做好高等专科教育中外合作办学工作的通知》。

中外合作办学引进和利用国外优质教育资源，在相当程度上缓解我国高等教育大众化过程中存在的优质教育资源不足的问题，推动中国高等教育自身的发展和完善，有利于丰富我国高等教育资源，开创教育改革和创新的局面，培养适合我国现代化建设需要的国际型人才。

（二）区域经济发展需求

装备制造业作为湖南的支柱产业，在全国制造业质量竞争力指数排位中位列第 7。据湖南省统计局统计，行业规模以上企业达到 2324 家，产销规模超过 8000 亿元，全国排位 13，成为湖南省第一大产业。在全球经济一体化形势下，以中联重科、三一集团为代表的机械装备制造企业，在全球范围内的资源优化配置步伐加快，通过战略并购已形成具有国际竞争力的湖南品牌。2014 年"全球工程机械制造商 50 强"排名中，中联重科、三一集团和山河智能分别位列第 9 位、第 10 位和第 49 位。中联重科作为行业龙头，不仅在跨国并购上频频出手，并在多个国家建立海外生产基地、融资公司、贸易平台、服务平台，相继收购意大利 CIFA 公司、德国 M-TEC 公司、荷兰 Raxtar 公司等世界一流企业，目前中联重科在海外拥有 7 大制造基地，6 家金融服务公司，19 个贸易平台，11 个备件服务平台。在全球 40 多个国家建有分子公司以及营销、科研机构。三一集团 2006 年在印度建厂，2007 年投资美国，2009 年在德国科隆市建设研发中心及机械制造基地，2010 年投资巴西，2012 年与德国普茨迈斯特、帕尔菲格公司成立两家合资公司。目前三一集团已在全球 200 多个国家和地区设有 300 多个办事处，建有 30 家海外子公司，业务覆盖 150 多个国家和地区。除中联重科、三一集团以外，金杯电工、江麓机电、山河智能等 10 家龙头企业也进入中国机械500 强行列，上海大众汽车（长沙）正朝着年产能 60 万辆、年产值 1500 亿元的目标发展。为满足区域经济发展，急需以工程机械、电工电气、汽车及零部件为代表的既有相关专业技能又有国际视野，既了解中国国情又懂国际规则的技能人才。

（三）学校自身发展需求

湖南工业职业技术学院地处长株潭国家级自主创新示范区与湘江新区。学院所在的岳麓科教产业园，是长株潭"两型社会"建设试验区先导区和长株潭国家级自主创新示范区核心区。学院面向装备制造领域办学，形成了专业积淀优势、企业资源优势和人才积累优势。学院"十三五"发展规划提出，要加快推进学院由规模导向发展向内涵导向发展、由要素驱动发展向创新驱动发展的转型。创建卓越高等职业技术学院，打造深度融入装备制造产业链的特色专业群、高水平教学科研创新团队和高效有序的治理体系，形成核心竞争力，是学院办学品牌扩张战略的新任务。国际化办学是学院办学品牌扩张战略的一个重要展现形式和途径，加强对外交流与合作，增进次区域教育合作交流，推进友好学校教育深度合作，深化双边多边教育合作，通过引进发达国家先进职业教育理念、专业课程、先进的人才培养模式等优质教育资源，提升师资队伍整体水平，推动专业课程与国际标准对接。搭建教师学生友好往来平台，开展国际理解教育，加强人文交流机制建设，进一步深化教育教学改革，为学校的人才培养、教育教学改革、学校管理等服务。

二、合作院校概况

中加合作办学项目是湖南工业职业技术学院根据《中华人民共和国教育法》《中华人民共和国职业教育法》和《中华人民共和国中外合作办学条例》等法律法规，与加拿大北方应用理工学院联合培养机械制造与自动化专业学生的合作办学项目。

（一）湖南工业职业技术学院

湖南工业职业技术学院是 1999 年经教育部批准设立的高等职业技术学院。学院位于长沙市岳麓区岳麓科技产业园，占地 1031 亩，建筑面积 38 万平方米，固定资产 6.78 亿元，教学仪器设备原值 9946 万元，馆藏图书 85 万册。学院现有专任教师 748 人，其中具有副教授以上高级技术职务的教师 168 人，国家级"教学名师"1 人，湖南省"教学名师"3 人，湖南省青年骨干教师 8 人，省级专业带头人 7 人。国家精品课程 3 门，省级精品课程 9 门，省级精品专业 6 个，省级教学团队 3 个，获国家级教学成果二等奖 1 项，省级教学成果一等奖 3 项、二等奖 4 项、三等奖 6 项。学院设机械工程学院、汽车工程学院、电气工程学院、信息工程学院、经济管理系、商贸旅游系、现代设计艺术系等 7 个院（系），现有在校学生 14700 余人。学院是国家示范性高等职业院校，也是湖南省首批省级示范性高等职业院校。

本次合作的机械制造与自动化专业隶属于机械工程学院，机械工程学院现有教师 153 人，其中专任教师 75 人，兼职教师 38 人，教授 5 人，副教授 33 人；其中湖南省教学名师 1 人，全国机械职业教育专业教学指导委员会委员 4 人，省级专业带头人 2 人，省级青年骨干教师 4 人，国内访问学者 2 人，湖南省技术能手 8 人。数控技术专业教学团队 2008 年被教育部确定为国家级教学团队，机械制造与自动化教学团队 2009 年被教育厅确定为省级教学团队。

机械工程学院拥有数控中心、特种加工、数控原理、数控仿真、CAD/CAM、热处理、检测、光机电一体化、电子控制等 25 个专业实训室，是数控技术专业国家级师资培训基地、湖南省中职师资培训基地；数控技术专业实训基地为中央财政支持的国家级实训基地、湖南省职业教育重点实训基地。2006 年，"数控加工实训"课程被湖南省教育厅评为省级精品课程，2007 年被教育部评为国家级精品课程；2010 年，"机械产品检测与质量控制"课程被教育部高职高专机械设计与制造类教学指导委员会评为精品课程，同年，被教育部评为国家级精品课程；2009 年，"机械零部件的手工制作与机械普通加工"课程被教育部高职高专机械设计与制造类教学指导委员会评为精品课程；2008 年，"计算机辅助制造"课程被湖南省教育厅评为省级精品课程。

"机械制造与自动化"专业始建于 1955 年，一直是学院的重点建设专业，招生规模逐年递增，现在在校人数为 1000 余人。机械制造与自动化专业 2007 年被评为院级精品专业，2009 年成为省级重点入围专业，同年机械制造与自动化专业教学团队被评为省级教学团队。机械制造与自动化专业为中国机械工业联合会批准的特色专业，具有 50 年的办学历史。2010 年本专业被评为中国机械行业特色专业，2012 年被确定为国家创新专业和国家教育部重点扶持专业，2013 年被立项为湖南省特色专业。近年来毕业生就业率都在 95%以上，为中联重科、德国博世等企业输送了大批的创新型高素质人才。

（二）加拿大北方应用理工学院

加拿大北方应用理工学院是加拿大安大略省一所公立学院，成立于

1967 年，在安大略省东北部设有蒂明斯市（Timmins）、克柯兰湖市（Kirkland Lake）、黑利伯瑞市（Haileybury）、穆索尼（Moosonee）四个校区，校园总占地面积超过 2000 亩。其中黑利伯瑞（Haileybury）校区，即原来的 Haileybury School of Mines 黑利伯瑞矿业学院（HSM），成立于 1912 年，超过百年的历史。

加拿大北方应用理工学院服务于 66 个社区和 17 个第一国民社区的区域，区域覆盖 160,000 平方公里，其中 123,043 位居民。学院现有 11,000 名在校生，261 名教师、支持人员及管理人员。高级职务专职教师 82 人，中级职务兼职教师 158 人，行政人员 21 人。在自创建至今的 50 多年里，加拿大北方应用理工学院一直致力于满足安大略省学生及企业的各种岗位需求，学院下设工程学院、商学院、健康学院、人文学院等，可提供从大专、高级大专、学士学位及研究生证书课程，有工程、科技、商业、应用艺术及健康科学等多领域的 92 种教学方案。机械工程自动化、焊接工程自动化、建筑工程、汽车、环境监测与治理、建筑工程相关专业在安大略省同层次学校中尤为突出，在整个加拿大也名列前茅。加拿大北方应用理工学院可以为学生提供实习、就业和再就业的机会，由联邦和省政府或是私营部门资助的贴近产业为基础的教学项目。以社区为基础的教学项目则视作确认和检验该地区的需求以及随之而来的培训协作的结果。在加拿大北方应用理工学院，学生可以通过在实验室工作、安排就业或者两者结合而获得经验。这里的小班教学使学生更容易获得教授的帮助，同时提高了教学设备的使用率。

加拿大北方应用理工学院创新的教育方式，如电话会议、视频会议、网络教学，符合如今教育进步的大趋势，这样也确保了更多其他地区的学生更易获得实习、学前教育或是继续教育的机会。学院在中国、印度、牙买加等国均开展了教育国际合作项目，同中国泰州学院、新乡学院、扬州环境资源职业技术学院、湖南工业职业技术学院已开展了多年合作，在印度、牙买加等国均开展了教育国际合作项目，其中加拿大北方应用理工学院的 Haileybury 校区以其采矿专业享誉全世界，参与了在加纳、印度、津巴布韦的许多国际项目，同时还包括津巴布韦一所采矿学校的建设，学院教职工参加了加拿大国际开发署在肯尼亚、博茨瓦纳、赞比亚、牙买加和东南亚的项目，学院与印度 Vidya Prasarak Mandal 职业技术学院建立了合作衔接的项目，学院在中国成都女性农村教育网络工程的建立上起到了关键的作用。这些项目增加了加拿大北方应用理工学院的合作办学经验。

三、合作项目概况

本项目为湖南工业职业技术学院与加拿大北方应用理工学院根据《中华人民共和国中外合作办学条例》及《中华人民共和国中外合作办学条例实施办法》，为促进两校之间的优质教育资源共享，联合举办的中加双文凭学历教育项目。本中外合作办学项目学制三年，于 2016 年正式纳入普通高考和对口高考招生计划。开设专业为机械制造与自动化专业，目前拥有 58 名在校学生，采用"3+0"和"2+1"相结合的培养模式。"3+0"培养模式，学生在湖南工业职业技术学院完成所有课程学习，不出国门便可与加方学生同步学习国外专业课程，共享国外优质教育资源，获得中加双文凭。学生完成学业的全部费用不到留学费用的 1/10，在学习期间优秀学生还有机会免学费赴加拿大对等交流，零距离学习国外前沿课程。"2+1"培养模式，学生在湖南工业职业技术学院学习两年，英语达到托福 550 分以上或新托福机考 213 分或 IBT 托福成绩达到 71 分，或 IELTS 达到 6.0，或通过加拿大北方应用理工学院测试，可以赴加拿大北方应用理工学院学习 1 年，完成学业获得中加双文凭。

该合作项目强调以就业为导向、以能力培养为核心，注重培养学生解决问题的方法和工程实际应用能力。加拿大北方应用理工学院在基础设施、办学层次、教育理念、科研成果及对外交流方面基础深厚，项目部分专业课程由北方应用理工学院资深专业教师授课，并使用北方应用理工学院提供的原版英文教材，部分课程采用中、英双语授课，将极大提高学生的英语应用水平，深化学生国际化视野。湖南工业职业技术学院则办学历史悠久、办学特色鲜明并且教育竞争力在持续增强，尤其在机械制造与自动化方面师资力量雄厚，能全方位保障合作办学所需教室、学生宿舍、食堂、实训室、外教公寓、图书馆、活动场所等设施设备。项目合作双方均同当地合作伙伴保持有良好的关系，保障学生拥有众多社会实践的机会。

本项目的实施是探索高等教育创新人才培养方式、加快国际化人才培养、提高高校原始创新能力和服务社会水平所做出的积极努力，对机械制造与自动化专业的课程结构和教学内容进行改革，进一步提高培养高素质专业教育和技术人员的管理和服务的水平。

四、项目运行管理与措施

本项目采用"3+0"和"2+1"相结合的培养模式联合培养机械制造与自动化专业高职层次学生。学生来源于普通高考、对口高考招生和在校学生中，由合作双方院校共同组织考试，择优录取，每年计划招生 40 人，最大在校人数 120 人。学生在湖南工业职业技术学院报到注册后即正式成为加拿大北方应用理工学院的注册学生。中加双方指派本校或其认可教师共同承担教学任务。学生学习三年，完成合作专业双方共同制定的人才培养计划中规定的全部课程，将获得湖南工业职业技术学院就颁发的专科（高职）毕业证书，并由加拿大北方应用理工学院颁发与其本院现有同专业毕业生完全相同的专科文凭。

中加双方主要采用了如下措施来保障项目的顺利实施。

1. 共同成立了联合管理委员会，开展人才培养管理工作

联合管理委员会由九人组成，中方人员 5 位，加方人员 4 位。中方人员由副校长、教务处长、对外合作办主任、专业所在二级学院主管教学的副院长和对外联络专员组成，加方人员由校长、校长助理、教导主任、对外

合作专员组成。双方校领导担任联合项目管理主任，其他人员担任项目管理人员。联合管理委员会的职责为监督和批准关于本合作项目的宣传、管理、资源安排和课程讲授等所有事宜。联合管理委员会建立了定期会议机制，项目管理人员每学期至少在中国或加拿大所在地会面一次，并通过网络电话或电子邮件及时商议决定有关问题。中方对外联络专员和加方对外合作专员则保持每周通过网络电话会面一次，及时解决教学方案与教学过程中的任何问题。

2. 共同确定人才培养方案

依据加拿大安大略省机械制造与自动化专业人才培养标准和课程教学大纲要求，结合湖南工业职业技术学院对学生培养标准，合作双方共同重新构建了课程体系，制定了人才培养方案。明确了人才培养目标为培养具备良好的职业素养，德、智、体等全面发展，适应社会主义市场经济建设、具有常用机械加工设备的操作生产知识，能从事机械制造工艺编制和工艺装备设计、机械制造设备选用、管理与机电设备维修工作，为现代机械加工企业生产、建设、管理岗位培养高等技术应用性专门人才和高素质的技能型人才。学生要获得湖南工业职业技术学院颁发的专科（高职）毕业证书和加拿大北方应用理工学院颁发的专科文凭，就必须同时满足中、加双方的毕业要求。通过对双方的毕业标准和课程教学内容进行比较研究，增加了 Communications、Health and Safety、Law and Ethics 等人文素质课程；对中方与加方均开设的专业基础课程 Methods and Materials I/Detailing、Electrical/Electronics fundamentals、Embedded Programming and Networks、Manufacturing Processes 等，则以加方课程大纲为基础，分别与机械工程材料、电工电子技术、嵌入式编程技术、机械加工工艺等课程进行置换并调整课程教学内容；专业课程和专业拓展课程则需要满足中、加的要求。这样，满足在双方教学标准的基础上，降低了学生的学习成本与学习时间。最终，引进的加方课程占中外合作办学项目全部课程比例为34.6%，引进的专业核心课程占核心课程的比例为 46.1%，加方教师担负的专业核心课程的门数占中外合作办学项目全部课程的比例为 31.3%，专业核心课程时数占中外合作办学项目全部课程时数的比例为 34.6%。

3. 成立了跨部门教学团队

项目采用国际标准教学管理形式与师资配备，部分课程实施全英语授课；全部课程由两校优选教师共同承担；该项目拥有中方专职教师约 15 名，大部分拥有中级及高级职称。根据双方合作要求，外方每学期选派 2～3 名课程负责人来中方学校进行面授，这些教师大部分具有硕士以上学位。中方教师团队由专业所在的机械工程学院牵头，联合商务贸易学院、电气工程学院，并集中学校各学院、各部门有海外工作经历或学习培训的老师组成国际人才培养教师团队，开展具体项目教学工作。为解决学生文化基础相对较差，尤其是英语能力较弱的问题，精选优秀老师承担英语教学任务，并聘请具有英语教学资质和工作经验的外籍教师负责口语教学，注重学生的口语和听力学习，英语学时数量超过 600 学时（和英语专业两年学时数相当），同时要求加方课程必须采用英语授课，强化英语学习能力，摈弃中国传统以读写为主的哑巴式英语。

4. 共同建设了网络教学资源

加拿大北方应用理工学院网络教学已实施 10 年，积累了丰富的网络教学经验。学校网络教学平台也已搭建 2 年，网络教学课程和资源越来越丰富。比较双方的网络平台，各有优势，加方网络教学文件齐全，教师通过网络实施教学，学生学习过程均可在网络上体现，教师的教学管理简单、清晰、明了，但网络动画、视频资源相对缺乏。随着国家教育信息化建设的推进，中方学校对网络教学资源建设非常重视，以微课、慕课、动画形式体现的课程资源日益丰富。由于存在中方学生访问加方课程网站困难，而加方教师访问中方网络教学平台容易的现实情况，通过联合管理委员会的协调，项目中的加方课程教学以中方网络平台为基础，由一位加方教师和一位中方教师组成课程教学团队，加方教师提供包括教学大纲、教学内容、教学安排、课程案例、作业、试题库等在内的所有教学文件，中方教师则负责课程的教学、作业批改、答疑、测试以及动画、微课、慕课等教学视频的制作。对于需要加方社会与法律背景的 Health and Safety、Industrial Indoctrination、Law and Ethics 等课程，则由加方教师为主讲教师，通过网络进行课程的教学、作业批改和答疑工作基本上实现了与加方进度教学。

5. 明确了教学及质量监控办法

湖南工业职业技术学院具有完善的院、系、专业三级教学质量管理结构，机械工程学院为中加合作办学成立了针对该专业的教学及质量管理小组，注重发挥专业层面教学质量管理小组的工作职能，注重发挥加拿大北方应用理工学院教学质量监督专家在教学质量评价与管理当中的积极作用。以加拿大安大略省专业标准为指导，制定一套专业教学质量考核标准，完善教学过程质量监控和教学文件、课程考核材料建档制度。注重从教学活动入手，在教学过程的关键点设置监控质量要素和指标，掌控教学过程组织和教学质量情况，及时防范影响质量的"教"和"学"的现象发生，防止影响教学质量的要素扩展或恶化，实行教学全过程的动态控制。主要方法有：

1）按照双方共同制定的合作专业教学计划、课程设置等实施教学。双方共同制定的教育教学计划和培养方案、课程设置、教学内容不低于加拿大安大略省的学术标准和湖南工业职业技术学院机械制造及自动化专业标准。在双方共同实施教学的课程体系中，由加拿大北方应用理工学院提供的课程和专业核心课程占本合作项目全部课程和核心课程的三分之一以上。

2）为了满足国内专业毕业要求，该专业开设了思政课、人文基础课和有关专业基础课程，这些课程有国内老师完成，课程教学要求和考核要求均按湖南工业职业技术学院专业标准实施，其授课、作业、考试等所用语言可为中文。专业课程教学由加拿大北方应用理工学院提供资质水平经双方认可的师资和湖南工业职业技术学院具备双语能力的骨干教师共同承担，教材和相关学习资料由加拿大北方应用理工学院提供，授课、作业、考试等所用语言基本为英语。

3）双方分别为各自所承担的教学任务安排了资质水平经双方认可的师资。加拿大北方应用理工学院担负的专业核心课程的门数和教学时数占本合作项目全部课程和全部教学时数的三分之一以上。

4）双方按照课程评估体系和标准，共同负责对合作专业的课程教学进行考核和质量监控。双方各指派了一名教学督导，每周一次沟通教学情况，机械工程学院对教学过程中的情况及时处理，并定期向联合管理委员会汇报，提出合理化建议。

五、项目实施成效

（一）创新了办学机制，推动了教育教学改革

通过中外合作办学引进了境外教育机构为新的办学主体，尝试了中外合作办学新的运行机制与办学模式，探索了多样化自主办学的管理模式。中加合作办学引进加拿大先进的教育理念、教育内容、教学方法、人才培养模式和管理经验，推动了学校专业建设和教师培养，增强了办学活力，促进了教育教学改革，同时也积累了对外合作办学的经验。目前，湖南工业职业技术学院已与德国 BSK 教育集团和代根多夫应用技术大学签订了合作备忘录，探索中德高校交换生和学生交换的校-企-校三位一体的共同培养模式项目，与香港公开大学和湖南大学研究了"3+1+1"的专本硕连读培养模式，与泰国龙婆坤职业技术学院就智能制造展开了深入交流，达成了初步合作意向，为招收留学生打下了基础。学校也积极参加世界职教大会和中国职业教育国际合作与产教融合论坛，提高了学院的国际影响力。

（二）引进国际优质教育资源，促进了专业建设

根据中加双方的合作协议，共同培养的学生需要按加拿大专业标准要求实施教学，加方教师提供了包括教学大纲、教学内容、教学安排、课程案例、作业、试题库等在内的所有教学文件。这些资料为国内院校提供了一个高水平的学习模版，部分课程和案例可以直接用于国内课程教学，对完善其他专业教育资源建设有重要的指导作用。加方每年一次派 1 名教育质量评估专家进行实地教学评估及开展专业教学培训，其教学评估流程、评价指标及评价方式，对国内专业建设质量评价体系的建立有良好的借鉴作用。通过中加合作办学，引进了加拿大学历教育项目，不但增加了高职学生受教育机会，丰富了教育供给，而且引进了境外教育理念、教育内容、教学方法、人才培养模式和管理经验，推动了学校专业建设和教师培养，增强了办学活力，促进了教育教学改革。

（三）建立网络教学平台，取得良好教学效果

通过共同建立的网络课程，以及课程教学的实施，可以将加拿大的教育理念、课堂教学方法、教学管理等过程具体呈现在日常教学工作中。学生直接与中方、加方老师通过网络互动，可以感受到外方教师的个性差异和跨文化差异，减小文化差异对教学效果的影响，提高学生对外方课程的认同感和接受度。教师可以通过合作教学直接体会到加拿大职业教育教师的教育理念、教学手段，以及他们的职业素养。通过课程建设的优势互补，实现了知识产权共享，不但丰富了课程资源，更体现了合作办学互利互惠，合作双赢的局面。

（四）加强合作互访，培养国际化师资队伍

保障中外教育合作项目的教学质量师资是关键，中外教师的教育理念、教学方式、教学手段等都会给中加合作项目的教学管理带来很多难

题。为了让受教育的学生能更好地适应加拿大教育体制的要求，更快地融入到加拿大北方理工学院的教学模式中，根据中加双方的合作协议，学校每年派至少两名教师到加方免费培训学习，通过跟班听课、课程研讨等方式，深入了解外方教师的教育理念、教学方式和教学手段；加方每年派两位老师到中方学校进行教学督查与教学研讨，解决教师、学生因为个性差异与跨文化差异对教学效果的影响。经过双方的互访，教师团队老师体验了不同国家的文化，开阔了视眼，学习了新的教育理念，提高了教师国际科学技术水平和国际交流与合作的能力。

参考文献

[1] 夏思倩. 中外合作办学政策浅析[J]. 学园，2013（15）：18-19.

[2] 林金辉. 中外合作办学的政策趋势[N]. 人民政协报，2017-1-4.

[3] 教育部. 现代职业教育体系建设规划（2014—2020 年）[Z]. 2014-6-16.

[4] 中国教育报. 坚持扩大开放　做强中国教育[N]. 中国教育报 2016-4-30.

[5] 中联重科差异化布局海外市场加速全球资源整合[Z]. 中国新闻网，2016-10-18.

案例二　校企协同，现代学徒制人才培养创新实践

湖南工业职业技术学院与博世汽车部件（长沙）有限公司自 2008 年 7 月以来，通过校企协同，在湖南省率先开展了卓有成效的现代学徒制人才培养创新与实践，突破性地解决了校企合作中学校和企业责、权、利三者的平衡问题，引入国际权威认证机构作为人才培养质量评价的第三方，全面提升了高职学生的职业行动能力和创新意识。作为校企协同人才培养的标杆，为兄弟院校教育教学改革提供了范例。

一、校企协同创新的主要过程

2007 年博世汽车部件（长沙）有限公司正式入驻长沙，随着公司生产的开展，一线技术岗位急需一批素质高、懂理论、操作熟练的技术技能人才。博世汽车部件（长沙）有限公司公司高层和人力资源管理层深谙德国"学徒制"人才培养之道，经过在湖南省内高职院校反复调研、考察，最终选择了湖南工业职业技术学院作为合作伙伴，以机电一体化专业为主体开展人才培养工作，到现在已有历经 9 年。2008 年 7 月湖南工业职业技术学院与博世汽车部件（长沙）有限公司签署合作协议（见图 5-1），分别在 2006 级、2007 级和 2008 级三届在校学生中完成"博世班"组建，开展现代学徒制人才培养。2009 年 3 月完成校内"博世专用培训室"和"博世实训室"建设，从 2008 年第一期到 2017 年第十期，现已有 210 名毕业生完成学业进入博世集团工作。2014 年 6 月到 2017 年 6 月，先后有 4 批近 100 名学员获得 AHK（德国工商会）职业资格证书。

图 5-1　联合办学签约仪式

　　双方合作开始后，在企业（包括德国专家）和学校教师的共同参与下，2008 年根据企业需求制定了一年期、两年期和三年期人才培养方案，以后每年对人次培养方案进行调整，并付诸实施。2011 年 9 月，引入德国工商总会等国际行业协会，签订学校、企业和国际行业协会"三方合作协议"，明确三方的责权利。企业、学校和国际行业协会三方按照德国"双元制"职业教育模式，依据德国教育部（BMBF）和德国工商总会（DIHK）颁布的职业教育大纲，制定人才培养方案。学校负责理论知识传授和基础技能培养；企业提供学生在校内学习的部分实训设备与费用，并负责学生在企业的培训与实习；国际协会负责教学过程监控、评价与反馈。学生毕业前必须通过国际行业协会组织的国际职业资格认证，技能水平达到国际认证标准。2013 年 11 月，由公司和学院共建共享的新"博世（长沙）TGA 培训中心"正式落成启用（见图 5-2 和图 5-3），2014 年 9 月，湖南工业职业技术学院被授予 AHK 机电一体化专业能力建小组合作学校；2015 年博世汽车部件（长沙）有限公司与湖南工业职业技术学院联合成功申报为国家教育部首批现代学徒制试点单位。

图 5-2　TGA 中心落成启用

图 5-3　青春阳光博世班

二、模式与实现路径

（一）合作模式

本项目合作模式为现代学徒制。学员的产生为"选拔制"。大一学生进校后，博世汽车部件（长沙）有限公司技术经理、事业部经理及人力资源部相关人员从大一学生中选拔学员，选拔学员标准、方式和途径均由企业确定，对于选拔合格的学员，学校、企业、学员签订三方协议，明确学校、企业、学员三方的权利和义务，学校和企业是人才培养的双主体，学员通过三年学习成绩合格，并通过 AHK 考试，可以获得学历文凭和 AHK 职业证书，同时企业必须录用学员为企业员工，从而实现招生与招工一体化。教学内容采用"项目制"，以培养满足企业要求的高技能人才为目的，企业、学校和国际行业协会三方共同研究制定项目化的人才培养方案和主干课程标准。教学形式为"双元制"，从入学开始，学生在学校和企业之间轮流学习（培训），学校和企业学习（培训）时长各占一半。国际职业资格采用"认证制"，引入德国工商会、西门子可编程认证（S7-1200）等国际职业资格论证，对学员进行第三方认证考核，获得国际职业资格证书（见图 5-4），提升国际化职业能力。

Zertifikat
证　书

Herr | Frau　　　　　　　　　　　　　　geboren am
姓名　　　　　　　　　　　　　　　　　　出生日期
逄媛（Pang Duan）　　　　　　　　　　05.03.1993

Personalausweis Nr.
身份证号码
430382199305030553

hat in der Zeit vom 2011.09.01 bis 2014.06.30 an der 3 jährigen deutschen dualen Ausbildung und Abschlussprüfung im Ausbildungsberuf Mechatronik erfolgreich teilgenommen.

在 2011 年 09 月 01 日至 2014 年 06 月 30 日期间，参加了为期 3 年的德国双元制职业技术培训，并且合格通过毕业考试。

Die Ausbildung und Prüfungen wurden in Abstimmung mit der Deutschen Auslandshandelskammer Shanghai und in Anlehnung an die in der Bundesrepublik Deutschland geltenden Vorschriften zum oben genannten Ausbildungsberuf durchgeführt. Die Ausbildungsinhalte wurden in den Bereichen, in denen es erforderlich war, auf das chinesische Wirtschaftssystem abgestimmt. Ausbildung und Prüfung erfolgten in chinesischer Sprache.

本专业的学习和考核是在与德国工商会上海代表处的协定下，依照德国对以上职业的职业培训章程进行的。部分培训的内容作了适合中国职业教育体制的必要调整，学习和考试是在中文的语言环境下进行的。

Prüfungsgesamtergebnis　　　　　　　　Punkte (von Hundert)
考核总成绩　　　　　　　　　　　　　　得分（100 分为满分）
　　　　　　　　　　　　　　　　　　　　61

Shanghai, den
上海，日期
2014.07.11

Deutsche Auslandshandelskammer　　　　Deutscher Industrie- und
Shanghai, China　　　　　　　　　　　　Handelskammertag
德国工商会上海代表处·中国　　　　　　　　德国工商总会

Zertifikat
证　书

Herr | Frau　　　　　　　　　　　　　　geboren am
姓名　　　　　　　　　　　　　　　　　　出生日期
刘涛（Liu Tao）　　　　　　　　　　　　10.04.1991

Personalausweis Nr.
身份证号码
430523199110040058

hat in der Zeit vom 2011.09.01 bis 2014.06.30 an der 3 jährigen deutschen dualen Ausbildung und Abschlussprüfung im Ausbildungsberuf Mechatronik erfolgreich teilgenommen.

在 2011 年 09 月 01 日至 2014 年 06 月 30 日期间，参加了为期 3 年的德国双元制职业技术培训，并且合格通过毕业考试。

Die Ausbildung und Prüfungen wurden in Abstimmung mit der Deutschen Auslandshandelskammer Shanghai und in Anlehnung an die in der Bundesrepublik Deutschland geltenden Vorschriften zum oben genannten Ausbildungsberuf durchgeführt. Die Ausbildungsinhalte wurden in den Bereichen, in denen es erforderlich war, auf das chinesische Wirtschaftssystem abgestimmt. Ausbildung und Prüfung erfolgten in chinesischer Sprache.

本专业的学习和考核是在与德国工商会上海代表处的协定下，依照德国对以上职业的职业培训章程进行的。部分培训的内容作了适合中国职业教育体制的必要调整，学习和考试是在中文的语言环境下进行的。

Prüfungsgesamtergebnis　　　　　　　　Punkte (von Hundert)
考核总成绩　　　　　　　　　　　　　　得分（100 分为满分）
　　　　　　　　　　　　　　　　　　　　63

Shanghai, den
上海，日期
2014.07.11

Deutsche Auslandshandelskammer　　　　Deutscher Industrie- und
Shanghai, China　　　　　　　　　　　　Handelskammertag
德国工商会上海代表处·中国　　　　　　　　德国工商总会

图 5-4　学生获得的国际职业资格证书

（二）实现途径

1. 领导高度重视

校企双方对合作培养技能人才高度重视，成立了以企业和学校主要负责人为组长的领导小组，全面领导合作事宜的开展。领导小组定期听取项目组汇报（见图 5-5），多次亲自参与项目的具体实施工作，并及时协调解决出现的各种问题。校企双方在人、财、物、场地等方面全力支持，充分发挥各自的资源优势，确保人才培养工作按计划有序进行。

图 5-5　领导小组定期听取项目组汇报

2. 建立沟通、协调、保障机制

在校企合作领导小组的领导下，学校对外合作交流处、电气工程学院、机械工程学院以及博世公司人力资源部主要负责人组成人才培养工作项目组，负责方案制定、课程建设、培训项目设计、实习实训基地建设、师资队伍选派及培训等具体工作。校企双方建立了联席会议制度，定期对合作过程中遇到的困难和需要解决的问题进行沟通和协调。双方分别为博世班制定了专门的管理制度并设立培养基金，从制度、经费、人员等方面为合作提供了有效保障。

3. 跨部门跨专业协同创新

博世班人才培养工作涉及到学校的机械工程学院、电气工程学院、实训中心、学生处等多个部门以及与机械制造及自动化、机电一体化等机电类相关的众多专业。在人才培养工作项目组的总体协调下，各二级学院、各专业打破既有的部门、专业、教研室界限，以企业要求为目标，以培养方案为依据，以培训项目为纽带，组成跨部门、跨专业、跨教研室的任务团队，开展具体项目教学工作。

4. 强化过程管理

学院和企业同为人才培养主体单位，各自承担了一半的教学、培训任务，教学地点交叉变化、师资交叉互派，学生来自不同系部、不同专业。为此校企双方制定了相关制度措施，企业人力资源部门和用人部门的专家以及 AHK 专家不定期对培训效果进行考核，并且通过"联席会议"及时对教学、培训成果进行总结反馈（见图 5-6）。同时双方分别委派专人对学生的学习过程进行监控管理。在校内学习期间，企业专人（企业班主任）到学校协助校内教师（专职辅导员）进行学生管理。在企业培训期间，学校教师跟随学生到企业，在管理学生的同时自身的专业技能也得到了培训和提高。

图 5-6　教学总结与反馈

三、取得的主要成果

（一）校企一体，协同创新，构建了现代学徒制项目化人才培养方案

在企业专家、国际行业协会认证专家和学校专业教师的共同参与和协同工作下，企业、学校和国际行业协会三方共同构建了以培养满足企业要求的高技能人才、全面提高学生综合素质和可持续发展能力为目的的现代学徒制项目化人才培养方案（见图5-7和图5-8）。

注重以循序渐进的项目引领学生技能水平的提高，学生三年的培训均以项目化的方式进行（见图5-9和图5-10）。项目分为机械类和电气类两个大类。项目来源有三个：一是博世公司学徒 TGA 项目，二是 AHK 认证考试项目，三是学院机电一体化技术专业的教学项目。经过教学团队的整合和重组，形成了以博世公司学徒项目为主线，专业教学项目为辅助，AHK项目为阶段性考核点的项目化教学体系。

图 5-7　研讨人才培养方案

图 5-8　共同研究人才培养方案

图 5-9　研讨教学项目

图 5-10　认真制定实训项目计划

（二）以小组协同为特征，项目为载体，形成了立体交叉的教学模式

1. 教学过程企业和学院交叉实施

第一、二学期，学员在学院进行专业基本知识和基本技能的学习；第三、四学期，学员先在学院学习4周，然后到企业进行认识性实践6周，然后返回学院进行4周学习，最后在企业进行综合技能实训6周，每个学生独立完成机械类项目（气动机械手的设计、零件加工和装配）的培训；第五、六学期，学员在企业 TGA 中心进行生产实习并完成电气类项目的培训，最后通过德国工商会组织的职业资格认证考试。

2. 专任教师和企业技术骨干交叉互派

企业技术骨干主要在企业对学员进行技能培训，另外第三学期和第四学期企业技术骨干也会到学院对学员进行技术指导。学院老师主要在学院进行教学，在第三学期和第六学期到企业共同对学员进行现场指导。

3. 企业项目和学院项目交叉开展

企业项目和学院项目交叉推进。前两个学期的学习，以专业教学项目为主，穿插了"气动马达"等企业项目。第三学期和第四学期，以企业项目"气动机械手"为主，穿插专业教学项目。第五学期和第六学期以企业项目"汽车启动机电枢生产线"为主，同时穿插了 AHK 认证项目。

（三）以与企业生产实际紧密结合的 TGA 项目为主线，完善了基于工作过程的课程体系

课题体系由人文素质课程平台、职业领域课程平台和持续发展课程平台三个课程平台组成。将"企业项目""教学项目"和"认证项目"有机结合，将"企业文化"和"校园文化"有机结合，将"职业素养"和"可持续发展"有机结合，将企业新技术、新工艺及产品设备的更新升级等"企业元素"有机融入。

人文素质课程平台主要由思想政治模块、身心修养模块、科技人文模块构成。采取基础性课程设计策略，将社会实践活动、企业文化、校园文化艺术活动等人文素质教育载体融入课程体系中。将职业道德与企业文化融入教学培训的全过程，使学生树立良好的职业道德和敬业精神，提高职业素养和履行职业岗位职责的能力。

职业领域课程平台主要由职业领域核心能力模块、职业领域拓展模块构成。职业领域核心能力模块包含专业工具与方法、专业基础技能、专业核心技能等方面的课程。主要培养学生胜任职业岗位工作的基本知识、基础技能和专业技能。将德国工商会、西门子可编程认证（S7-1200）等国际职业资格论证内容"嵌入"职业领域课程平台，使课程教学过程和技能培训过程相互融合，课程考核与国际职业资格认证相结合，提高了学生国际化职业能力。

将职业道德教育、职业素养教育"嵌入"课程设计和教学实施过程中，培养学生健康的劳动态度、良好的职业道德和正确的价值观念。将职业道德与企业文化"嵌入"实践教学，让学生接受企业文化的熏陶，树立良好的职业道德和敬业精神，提高职业素养和履行职业岗位职责的能力。

课程教学全面引入博世 TGA 培训教材，机械类课程围绕博世气动机械手机械部分项目组织教学。如工程制图课程，以测绘博世气动手机械零件为载体组织教学；数控编程与加工课程，以气动手机械零件为载体组织教学；液压传动与气动技术课程，引入气动机械手气动回路项目；电类课程围绕气动机械手控制部分组织教学。

（四）建设了一支高水平、高素质、专兼结合的"双师结构"教学团队

通过专业教师赴博世公司顶岗实践，开展行业资格认证培训，聘请企业技术专家与能工巧匠担任指导教师等方式，建设了一支高水平、高素质、专兼结合的"双师结构"教学团队，参与教学的教师"双师"比例达 100%，企业技术骨干和学校教师比例达 1:1。近 5 年来，教学团队成员有 8 人次出境培训，20 人次在国内进修学习，100%的专任教师在企业接受了 3 个月以上顶岗实践。培养了湖南省级职业院校专业带头人 2 人，国家级教学名师 1 人，湖南省职业院校优秀教学团队 1 个。获全国机械高等职业教育教学成果奖一等奖 2 项，湖南省高等教育省级教学成果奖二等奖 1 项、三等奖 2 项。

（五）校企共建实习实训基地

博世公司投资 300 余万元，配置各类设备 52 台，在生产现场建设了占地 500 平米的 TGA 培训中心，可同时容纳 120 名"博世班"学员开展项目实训。学校提供场地，博世公司提供资金 60 余万元在学院建设了包括 8 套气动实训设备、各类刀具、工具、汽车部件等在内的"博世实训室""液压气动实训室"。学校投资 40 万元扩建了"机械拆装实训室"和"PLC 实训室"。博世汽车部件（长沙）公司的各生产部门成为学校机电类相关专业稳定的校外实习基地（见图 5-11 和图 5-12）。

图 5-11　虚心求教

图 5-12　扎实实训

（六）引入国际认证，形成了第三方参与的人才培养质量评价机制

引入国际权威认证机构德国工商会 AHK 作为第三方，签订"三方合作

协议"（见图 5-13），明确学校、企业、认证机构三方责权利，博世公司和 AHK 不定期到学院进行教学质量检查，对教学过程和人才培养质量进行全程监控。AHK 分别在第三学期和第六学期组织进行两次机电一体化技能鉴定项目测试，学员两次测试都通过后将获得 AHK 职业岗位资格证书（见图 5-14）。

图 5-13 与 AHK 商讨合作

图 5-14 AHK 实操考试现场

四、创新点

（一）探索了在我国职业院校实施现代学徒制人才培养的有效途径

将发达国家职业教育先进理念与我国实际相结合，构建了校企深度合作的长效机制。

（二）构建了以项目为载体的立体交叉教学体系，改革了教学模式和教学方法

以博世公司 TGA 项目、AHK（德国工商会）认证考试项目和专业教学项目贯穿教学全过程。利用学院和企业两个教学资源平台，培训时间、培训地点、培训教师、培训内容和培训中的"教""学""做"均交叉进行，使学生经历理论—实践—再理论—再实践的若干个教学循环，实现技能水平的螺旋式上升。

（三）第三方参与作为人才培养质量评价的主要方式

引入国际权威认证机构德国工商总会（AHK）作为人才培养质量评价的第三方，全程监控学生的培养。

（四）较好地解决了校企合作中学校和企业责、权、利三者的平衡问题

校企合作过程中寻找双方利益的共同点，在平等的基础上明确责任和义务，实现了合作共赢。

（五）全面提升了高职学生的创新意识和创新能力

项目教学过程中，从整体策划、方案制定、设计、原材料采购、零部件加工到安装调试均由学生自主完成，使学生的专业知识应用能力、沟通能力、团队协作能力、设备操作能力以及外语（包括英语和德语）能力得到

了全方位锻炼。

五、推广应用效果

（一）率先开展学徒制教学实践，有效提升人才培养质量

在省内率先开展了现代学徒制人才培养实践，在教学理念、教学模式、队伍建设等方面开展了全面教育教学改革，博世班毕业生深受企业欢迎，大多成为企业一线的技术骨干，截至 2016 年 12 月，博世班毕业生共计 30 人次被派往欧洲学习交流。5 年来，学生参加各项技能竞赛获国家二等奖 1 个、三等奖 2 个，省级一等奖 6 个、二等奖 7 个、三等奖 11 个。

（二）系统构建了机电类专业教学体系，带动相关专业协同创新发展

主持制定了湖南省职业院校机电一体化技术、机械制造与自动化专业技能抽查标准。数控技术专业、电气自动化技术专业成为湖南省"示范特色专业"，机械制造与自动化专业被确定为全国高职高专"提升专业服务产业发展能力项目"专业，机电一体化技术专业先后被确立为"全国机械行业技能人才培养特色专业"和"央财支持重点建设专业"。

（三）作为校企合作的标杆，为兄弟院校专业建设提供了借鉴

阶段性成果作为典型案例参加了 2010 年、2012 年两届由全国机械职业教育教学指导委员会主办的"中国职业教育与装备制造业创新发展对话活动"，博世汽车部件（长沙）有限公司被授予"全国机械行业校企合作与人才培养优秀企业"称号。2012 年项目成果在湖南省职教学会的校企合作论坛上被列为典型案例，2014 年做为湖南省职业教育校企合作的典型案例由省教育厅报送教育部。相关成果已辐射到湖南机电职业技术学院、长沙职业技术学院等数十所职业院校。

附件一　与加拿大北方应用理工学院
联合举办机械制造与
自动化专业项目人才培养方案

一、专业名称与专业代码

机械制造与自动化，580102

二、培养目标

本专业以培养拥护党的基本路线，具备良好的职业素养，德、智、体等全面发展，适应社会主义市场经济建设、具有常用机械加工设备的操作生产知识，能从事机械制造工艺编制和工艺装备设计、机械制造设备选用、管理与机电设备维修工作，为现代机械加工企业生产、建设、管理岗位培养高等技术应用性专门人才和高素质的技能型人才。

三、培养要求

1. 专业能力

（1）机械零件测绘设计能力与计算机绘图能力；

（2）普通机床和数控机床操作能力；

（3）夹具等工装的设计、制造及装配能力；

（4）机电设备的安装调试、维护、维修能力；

（5）常见的液压与气动元件的使用维护能力和 PLC 技术；

（6）工艺规程制订能力；

（7）加工质量分析能力。

2．社会能力

（1）具有良好的思想政治素质、社会公德和职业道德；

（2）具有开拓创新、团结合作和严谨务实的工作作风；

（3）自觉遵守行业法规和职业规范；

（4）具有良好的环保意识；

（5）具有较强的口头表达能力和人际沟通能力。

3．方法能力

（1）具备获取分析、使用信息的能力；

（2）具备对知识的抽象、概括及应用能力；

（3）具有科学分析和解决问题的能力；

（4）具有终身学习和岗位迁移能力。

四、核心课程

湖南工业职业技术学院：

机械工程图绘制、机械工程材料、液压与气动技术、数控编程与加工、专业工程实践、顶岗实习。

加拿大北方应用理工学院：

机械产品检测与质量控制、机械制造基础及实践、机械设计与制作、机床电气控制与 PLC、机械制造工艺规程编制与实施、计算机辅助制造。

五、学制与毕业

学制：三年

毕业要求：

（1）本专业毕业生必须修满 153 学分。

（2）学生毕业时除获得毕业证外，还应该获得两个以上的职业资格证书。包括：车工或铣工高级职业资格证书、数控车工或铣工高级职业资格证书、CAD 制图员中级职业资格证书、Pro/E、UG 认证证书。其中以车工或铣工高级职业资格证书和 Pro/E 等认证证书为主；

（3）具有良好的职业态度和人文素养。

（4）完成合作专业双方共同制定的人才培养计划中规定的全部课程，将获得湖南工业职业技术学院就颁发的专科（高职）毕业证书，并由加拿大北方应用理工学院颁发与其本院现有同专业毕业生完全相同的专科文凭。

六．教学计划（含课程安排）

	序号	课程名称	学分	学时分配			开设学期						备注
				学时	理论	实践	1	2	3	4	5	6	
人文素质课程	1	思想道德修养与法律基础	3	48	40	8	2*12	2*12					
	2	毛泽东思想和中国特色社会主义	5	88	36	52	2*16	2*16	24*1				实践周为暑假进行
	3	形势与政策	1	16	12	4	2*4	2*4					
	4	军事训练与国防教育	4	84	20	64	24*4						
	5	体育	4	64	12	52	2*16	2*16					
	6	大学英语	12	208	172	36	4*12	4*12	2*16	2*16	2*16	2*8	3\4\5\6期为专业英语，引进课程
	7	文学欣赏	2	32	26	6			2*16				
	8	知识产权法	2	32	28	4			2*16				引进课程
	9	大学生职业规划教育	2	32	28	4				2*16			
	10	国际机械制造信息	1	16	16	0		4*1	4*1	4*1	4*1		讲座形式
小计（修满36学分）			36	620	390	230							

续表

	序号	课程名称	学分	学时分配			开设学期						备注
				学时	理论	实践	1	2	3	4	5	6	
职业领域核心课程	11	机械工程图绘制	13	234	90	144	6*15	8*18					
	12	机械工程材料	3	60	36	24	4*15						
	13	机械产品检测与质量控制	4	72	36	36			4*18				引进课程
	14	机械设计与制作	8	144	78	66		4*18	4*18				引进课程
	15	机械制造基础与实践	8	144	60	84		4*18	4*18				引进课程
	16	液压与气动技术	4.5	78	48	30				4*19			
	17	机床电气控制与PLC	4.5	78	48	30				4*19			引进课程
	18	机械制造工艺编制与实施	9	156	78	78				4*19	4*19		引进课程
	19	计算机辅助制造	4.5	78	30	48				4*19			引进课程
	20	数控机床编程与加工	4.5	78	30	48				4*19			
	21	生产实习	3	72	8	64				24*3			暑假进行
	22	专业工程实践	4	96	10	86					24*4		
	23	顶岗实习	9	216	16	200					24*9		
	24	高速加工技术	4.5	78	48	30				4*19			

续表

| 职业领域拓展课程 | 序号 | 课程名称 | 学分 | 学时分配 | | | 开设学期 | | | | | | 备注 |
				学时	理论	实践	1	2	3	4	5	6	
职业领域拓展课程	25	电工电子	4.5	78	48	30			4*19				
	26	机电设备维修技术	4.5	78	48	30					4*19		
	27	机电一体化技术	4.5	78	48	30					4*19		
	28	精密加工	4	72	42	30						12*6	引进课程
	29	机械产品国际营销	4	72	42	30						12*6	引进课程
小计（修满105学分）			105	1962	844	1118							
持续发展课程（选修课）	30	机械工程数学	4	64	50	14			4*16				三选一
		应用物理	4	64	50	14			4*16				
		机械创新设计	4	64	50	14			4*16				
	31	人文基础与应用	4	64	50	14				4*16			三选一
		生态与能源	4	64	50	14				4*16			
		艺术欣赏	4	64	50	14				4*16			
	32	演讲与口才	4	64	50	14					4*16		三选一
		宏观经济与企业经济	4	64	50	14					4*16		
		科技写作	4	64	50	14					4*16		
小计（修满12学分）			12	192	150	42							
合计			153	2774	1384	1390							

说明： 引进的外方课程占中外合作办学项目全部课程比例为 34.6%，引进的专业核心课程占核心课程的比例为 46.1%，外国教育机构教师担负的专业核心课程的门数占中外合作办学项目全部课程的比例为 31.3%，外国教育机构教师担负的专业核心课程时数占中外合作办学项目全部课程时数的比例为 34.6%。

七、核心课程简要说明

1. 机械工程图绘制

主要介绍制图的基本知识与技能；投影作图基础；点、直线、平面的投影；基本几何体的投影；截交线与相贯线；组合体；轴测图；机件常用的表达方法；标准件与常用件；零件图；装配图等知识。以机械零件为实例，通过做中学掌握机械零件图、装配图的画法和表达方法。要求学生通过本课程学习后具有初步绘制、阅读机械工程图样的能力和空间想象的能力。

2. 机械产品检测与质量控制

要求学生通过本课程的学习，具有正确选用公差及配合代号的能力，具有选用形位公差、识读及标注形位公差的能力，具有正确标注和选择表面粗糙度的能力，具有正确选用合适的量具对零件进行技术测量的基本能力，能对产品加工精度进行质量控制。

3. 机械制造基础与实践

通过学习，使学生较系统地掌握机械制造基础知识，掌握金属材料的性能、成型方式，掌握毛坯件的选用原则，掌握机械制造过程中常用的加工方法、加工原理，掌握切削参数、加工设备及装备的选用、机械制造质量的分析与控制方法，掌握典型表面加工技术，能完成机械零部件的手工制作与普通加工。同时通过对工艺系统各环节的分析、比较、综合、概括和阐述等认知活动，培养独立思考能力、创新意识和严谨求实的科学态度。

4. 机械制造工艺规程编制与实施

通过机械加工工艺规程编制和实施，达到具有制定一般常见零件加工工艺和中等复杂零件在机床上加工工艺编制的能力，适应机械加工和工艺编制岗位的工艺实施要求。培养在机械加工岗位上具有工艺分析和工艺实施的能力。

5. 机床电气控制与 PLC

通过对典型机床传统接触器继电器控制、可编程控制的运用，掌握机床电控的基本常识、基本技能，学完本课程应能看懂典型机床的电气控制原理图并进行机床简单故障的排除，能编写简单的 PLC 程序并利用可编程控制器对机床设备的电气控制进行改造。

6. 计算机辅助制造

本课程通过任务驱动式教学让学生了解使用计算机辅助制造软件完成零件数控加工的要点与过程，能综合应用机械制造、机械加工工艺、数控加工工艺等知识，能够使用计算机辅助制造软件完成零件的数控加工程序编制并在数控机床上完成零件加工任务。重点培养学生在制造岗位上利用计算机辅助制造软件完成零件几何造型的能力、根据生产用图纸进行工艺分析的能力、合理进行加工过程设计的能力、利用计算机辅助制造软件模拟加工的能力以及操作数控机床加工零件的能力。

7. 顶岗实习

通过到校内外生产实训基地参与机械制造方面的生产实践，让学生充分了解工厂具体生产情况，熟悉生产工作环境，对企业组织机构与职能、企业的运作方式有进一步的了解。融会贯通地掌握所学的专业知识，并能灵活应用于实际工作，培养具有良好的职业道德和基本的职业操守，能承受一定的挫折与挑战，为毕业后顺利上岗提供坚实的基础。

八、师资配备

序　号	姓　　名	职　称	学　位	工 作 单 位
1	彭跃湘	教授	学士	湖南工业职业技术学院
2	周劲松	副教授	学士	湖南工业职业技术学院
3	皮智谋	副教授	学士	湖南工业职业技术学院
4	申奇志	副教授	硕士	湖南工业职业技术学院
5	宁朝阳	副教授	硕士	湖南工业职业技术学院

续表

序　号	姓　　名	职　称	学　位	工　作　单　位
6	杨晓红	副教授	学士	湖南工业职业技术学院
7	邵建华	副教授	学士	湖南工业职业技术学院
8	徐　娟	讲师	硕士	湖南工业职业技术学院
9	杨志勤	副教授	硕士	湖南工业职业技术学院
10	柳　青	副教授	硕士	湖南工业职业技术学院
11	刘艳萍	讲师	硕士	湖南工业职业技术学院
12	黎　佳	助理讲师	硕士	湖南工业职业技术学院
13	柴志斌	实验师	学士	湖南工业职业技术学院
14	宁　振	实验师	学士	湖南工业职业技术学院
15	毛灿月	教授	学士	湖南工业职业技术学院
16	Mr. Deryk Morrish	教授	学士	加拿大北方应用理工学院
17	Mr. Shane Storring	教授	硕士	加拿大北方应用理工学院
18	Mr. Joshua Fuller	教授	硕士	加拿大北方应用理工学院
19	Ms. Tina Thibault-Lambert	教授	学士	加拿大北方应用理工学院
20	Ms. Jocelyn Vlasschaer	教授	学士	加拿大北方应用理工学院
21	Mr. Ken Elliot	教授	学士	加拿大北方应用理工学院
22	Mr. Matt Dupuis	教授	学士	加拿大北方应用理工学院
23	Mr. John Ikola	副教授	学士	加拿大北方应用理工学院
24	Ms. Jocelyn Vlasschaert	教授	学士	加拿大北方应用理工学院

九、教材选用表

1. 国内教材

序号	课程名称	选用教材				备注
		教材名称	出版社	作者	书号	
1	思想道德修养与法律基础	思想道德修养与法律基础	机械工业出版社发行室	宋彩云	9787111185345	
2	毛泽东思想和中国特色社会主义	毛泽东思想和中国特色社会主义理论体系概论	高等教育出版社	本书编写组	9787040389692	
3	形势与政策	形势与政策	机械工业出版社	蒋晓云	9787111432722	

续表

序号	课程名称	选用教材				备注
		教材名称	出版社	作者	书号	
4	军事训练与国防教育	21 世纪大学生国防与军事训练	科学出版社	沈达政	9787030276025	
5	体育	大学体育	北方交通大学出版社	齐豹	9787810827645	
6	文学欣赏	文学欣赏（第2版）	清华大学出版社	胡山林	9787302277330	
7	大学生职业规划教育	职业生涯规划	清华大学出版社	金环	9787302311799	
8	国际机械制造信息	先进制造技术	华中科技大学出版社	李文斌	9787560993850	
9	机械工程图绘制	机械制图	机械工业出版社	曹静	9787111344971	
10	机械工程材料	机械工程材料	吉林科学技术出版社	戴良鸿	9787533458428	
11	液压与气动技术	液压与气动应用技术	电子工业出版社	徐小东	9787121079702	
12	数控机床编程与加工	数控机床编程与加工	机械工业出版社	陈兴云	9787111277804	
13	生产实习	机械工程生产实习	机械工业出版社	蔡安江	9787111160229	
14	专业工程实践	机械工程技术综合实践	机械工业出版社	郑劢	9787111474944	
15	顶岗实习	顶岗实习指导	人民日报出版社	李强	9787511524065	
16	高速加工技术	高速切削与五轴联动加工技术	机械工业出版社	陆启建	9787111323242	
17	电工电子	电工电子技术基本教程	机械工业出版社	付扬	9787111391920	
18	机电设备维修技术	机电设备维修	机械工业出版社	吴先文	9787111169352	
19	机电一体化技术	机电一体化技术	清华大学出版社	陈刚	9787302218876	

续表

序号	课程名称	选用教材				备注
		教材名称	出版社	作者	书号	
20	机械工程数学	工程数学	中国水利水电出版社	石宁	9787508475745	
21	应用物理	应用物理	西安电子科技大学出版社	薛兵	9787560627212	
22	机械创新设计	机械创新设计（第2版）	机械工业出版社	张春林	9787111220725	
23	人文基础与应用	人文基础	重庆大学出版社	向怀林	9787562456919	
24	生态与能源	生态学基础	中国建材工业出版社	孙龙	9787516004203	
25	艺术欣赏	艺术欣赏	中国人民大学出版社	黄高才	9787300160030	
26	演讲与口才	演讲与口才	北京师范大学出版社	方凤玲	9787303106240	
27	宏观经济与企业经济	宏观经济理论与实践新论（第2版）	上海财经大学出版社	张银杰	9787564219116	
28	科技写作	科技写作	国防工业出版社	赵东元	9787118059120	

2. 国外教材

序号	课程名称	选用教材				备注
		教材名称	出版社	作者	书号	
1	英语	剑桥英语	剑桥大学出版社	Pauline Cullen, Amanda French, Vanessa Jakeman	9781107694910	
2	卫生和安全	工程师卫生和安全	Wiley 出版社, 第二版	Roger L. Brauer	0471291897	
3	机械技术	机械原理	Goodheart-Willcox 出版社，第八版	John R. Walker	9787121206559	
4	机械和精确测量	机械设计和产品评估介绍	CRC 出版社	Samir Mekid	0849378869	
5	焊接	焊接和锻造	Delmar 出版社	Larry Jeffus	1418013749	

续表

序号	课程名称	选用教材				备注
		教材名称	出版社	作者	书号	
6	电子控制	封闭系统的电子控制	加拿大技术出版社	Gary Rockis	0826912265	
7	机械设计	CAD 制图	学术出版社	Elliot Gindis	B00LSG7N96	
8	生产程序	生产制造	1K 国际出版社	Savita Sharma S.K Sharma	8189856494	
9	金属力	材料力学	CBS 出版社	Stephen P. Timoshenko	8123910770	
10	动力学	动力学	普伦蒂斯霍尔出版社	Anthony M. Bedford	0136129161	

附件二　引进国际职业资格标准，联合开展 AHK 培训

第一部分　AHK 培训认证：德国机电维修工人才培养标准

Ministerium für Kultus, Jugend und Sport Baden-Württemberg

Bildungsplan für die Berufsschule

Mechatroniker/ Mechatronikerin 机电维修工

Ausbildungsjahr 1, 2, 3 und 4　第 1，2，3 和 4 学年

KMK-Beschluss

vom 30. Januar 1998

Landesinstitut für Schulentwicklung

– Didaktische Bezugspunkte sind Situationen, die für die Berufsausübung bedeutsam sind (Lernen für Handeln).

– Den Ausgangspunkt des Lernens bilden Handlungen, möglichst selbst ausgeführt oder aber ge-danklich nachvollzogen (Lernen durch Handeln).

– Handlungen müssen von den Lernenden möglichst selbstständig geplant, durchgeführt, über-prüft, ggf. korrigiert und schließlich bewertet werden.

– Handlungen sollten ein ganzheitliches Erfassen der beruflichen Wirklichkeit fördern, z. B. techni-sche, sicherheitstechnische, ökonomische, rechtliche, ökologische, soziale Aspekte einbeziehen.

– Handlungen müssen in die Erfahrungen der Lernenden integriert und in Bezug auf ihre gesell-schaftlichen Auswirkungen reflektiert werden.

– Handlungen sollen auch soziale Prozesse, z. B. der Interessenerklärung oder der Konflikt-bewältigung, einbeziehen.

Berufsfachliche Kompetenz 职业能力

Die Lernfelder im Bereich der Berufsfachlichen Kompetenz orientieren sich in Aufbau und Zielset-zung an typischen beruflichen Handlungssituationen. Die Schülerinnen und Schüler erwerben eine berufliche Handlungskompetenz, die Fachkompetenz, Methodenkompetenz und Sozialkompetenz mit der Fähigkeit und Bereitschaft zum lebenslangen Lernen verbindet. Ziel ist es, die Schülerin-nen und Schüler zu befähigen, sich eigenständig Wissen anzueignen, Probleme zu lösen, neue Situationen zu bewältigen sowie ihren Erfahrungs-bereich mit zu gestalten. Diese Zielsetzung lässt sich durch unterschiedliche Unterrichtsmethoden verwirklichen, wobei u. a. Lernarrangements mit methodischen Formen wie Projekt, Planspiel, Fallstudie oder Rollenspiel eine immer größere Be-deutung erlangen. Lern- und Leistungskontrollen sollen die im Unterricht angestrebten Ziele mög-lichst umfassend abdecken. Sie dürfen sich nicht auf das Abprüfen erworbener Kenntnisse be-schränken, sondern sollen handlungsorientierte Aufgabenstellungen enthalten.

Projektkompetenz 项目能力

Die Projektkompetenz geht über die Fachkompetenz hinaus und bildet vorrangig deren Vernet-zung mit der Methoden-, Personal- und Sozialkompetenz ab. Die überfachlichen Kompetenzen zeigen sich z. B. in der Entwicklung von Lösungsstrategien, der Informationsverarbeitung, den Techniken der kognitiven Auseinandersetzung mit dem Projektauftrag sowie deren Präsentation. In diesem Zusammenhang erkennen die Schülerinnen und Schüler ihre vorhandenen Kenntnisse, Fähigkeiten und Fertigkeiten. Zum Erreichen dieses Ziels bedarf es der gemeinsamen Planung, Durchführung und Kontrolle durch die Lehrkräfte.

Ziele und Inhalte 目标及内容

Die Ziele beschreiben die Handlungskompetenz, die am Ende des schulischen Lernprozesses in einem Lernfeld erwartet wird. Formulierungen im Präsens und in der Aktivform betonen das Han-deln der Schülerinnen und Schüler. Angemessenes Abstraktionsniveau soll u. a. die Offenheit für künftige technologische und organisatorische Veränderungen sicherstellen. Die Inhalte gehen aus den Zielangaben hervor. Nur soweit sich die Inhalte nicht aus den Zielen ergeben, werden sie ge-sondert im Lehrplan aufgeführt. Sie konkretisieren die Ziele und beschreiben den Mindestumfang, der zur Erfüllung des Ausbildungsziels im Lernfeld erforderlich ist.

Zeitrichtwerte 时间要求

Zeitangaben sind Richtwerte für die Anzahl der Unterrichtsstunden. Sie geben den Lehrerinnen und Lehrern einen Anhaltspunkt, wie umfangreich die Lehrplaninhalte behandelt werden sollen. Die Zeitrichtwerte sind Bruttowerte, sie sind unabhängig von der Länge des jeweiligen Schuljahres und enthalten auch die Zeit für Leistungsfeststellungen sowie zur Vertiefung bzw. für Wiederholung.

Reihenfolge 基本要求

Bei der zeitlichen Anordnung der Lernfelder ist im Rahmen der didaktischen Jahresplanung der Zeitpunkt der Zwischenprüfung bzw. von Teil 1 der gestreckten Abschlussprüfung zu beachten.

Der vorliegende Rahmenlehrplan geht von folgenden schulischen Zielen aus:

Die Schülerinnen und Schüler

— arbeiten im Rahmen der beruflichen Tätigkeit mit anderen Personen zusammen und kommuni-zieren mit ihnen auch in englischer Sprache

— wenden technische Regelwerke und Bestimmungen bei Arbeiten in mechatronischen Systemen an

— führen grundlegende Berechnungen unter Beachtung technischer und betriebswirtschaftlicher Größen durch. Sie wenden dazu Tabellen und Formeln an.

— beachten bei der Organisation und Durchführung der Arbeit ergonomische, ökonomische, öko-logische und gesellschaftliche Aspekte

— minimieren durch Verwendung geeigneter Materialien, verantwortungsbewusstes Handeln und Beachtung von Vorschriften des Umweltschutzes, negative Auswirkungen des Arbeitsprozesses auf die Umwelt

— sichern durch Einhaltung von Wartungsvorschriften die störungsfreie

Arbeit von Anlagen und Systemen. Ihr Qualitätsbewusstsein befähigt sie, Qualitätsstandards einzuhalten und kosten-günstige Lösungen aufzuzeigen

— entwickeln für die Fehlersuche und Beseitigung von Störungen begründete Vorgehensweisen und leiten aus Fehlerdiagnosen Folgerungen für die Fehlerbeseitigung ab

— nutzen den Computer als Arbeitsmittel

— verstehen Beschreibungen, Betriebsanleitungen und andere berufstypische Informationen in deutscher und englischer Sprache und bereiten sie für den Kunden verständlich auf."

Lernfeld 1: 学习领域 1

Analysieren von Funktionszusammen-hängen in mechatronischen Systemen 机电一体化系统功能关系的分析

1. Ausbildungsjahr 第一学年

Zeitrichtwert: 40 Stunden 计划学时：40 小时

Zielformulierung: 学习目标

Die Schülerinnen und Schüler wenden Vorschriften und Regelwerke bei der Untersuchung technischer Anlagen an. Sie arbeiten mit technischen Unterlagen und nutzen deren Aussagen für die Lösung. Sie beherrschen Verfahren zur Analyse und Dokumentation von Funktionszu-sammenhängen und führen Gespräche über technische Realisierungsmöglichkeiten im Team.

Sie arbeiten mit Blockschaltplänen und erkennen anhand dieser Pläne den Signalfluss, den Stofffluss, den Energiefluss und die grundsätzliche Wirkungsweise.

学生按照条例和法规进行技术系统的研究。利用技术文档和使用报表提供解决方案。利用函数和收集的数据进行分析并且在小组中讨论技术实现的可能性。根据计划工作并且根据计划选择信号流、物料流、能量流和基本的操作模式。

Die Möglichkeiten der Datenverarbeitung zur Aufbereitung von Arbeitsergebnissen werden von ihnen erkannt.

根据现有知识对数据进行处理以及预测对工作结果的影响。

Die Schülerinnen und Schüler sind für Probleme der Ökologie und der Ökonomie dieser Sys-teme sensibilisiert.

学生对该系统性下的经济和生态应有感知。

Die Bedeutung der englischen Sprache für die technische Kommunikation ist ihnen bewusst.

认识到英语在技术交流中的重要性。

Inhalte: 内容

- Anforderungsprofile technischer Anlagen 技术设备的配置要求
- Systemparameter 系统参数
- Blockschaltbilder 框图
- Signal-, Stoff- und Energieflüsse 信号流、物料流和能量流
- Bedeutung kundenspezifischer Anforderungen für die technische Realisierung 客户的特定需求技术实现意义
- Bedeutung und Möglichkeiten der Datenverarbeitung 工作数据处理的可能性和意义
- Dokumentation und Präsentation von Arbeitsergebnissen 工作经验的总结存档与讲解
- Ökologische und ökonomische Aspekte 经济和生态因素

Lernfeld 2: 学习领域 2

Herstellen mechanischer Teilsysteme 机械子系统的制造

1. Ausbildungsjahr 第 1 学年

Zeitrichtwert: 80 Stunden 学时：80H

Zielformulierung:　教学目标

Die Schülerinnen und Schüler beschreiben Aufbau, Eigenschaften und Einsatzgebiete der angewandten Werk- und Hilfsstoffe. Sie planen deren ökonomischen Einsatz und beachten die umwelt- und gesundheits-relevanten Aspekte. Sie lesen Konstruktionszeichnungen und sind fähig, Ausschnitte daraus zu skizzieren und Änderungen einzuarbeiten. Sie wählen die für die Herstellung erforderlichen mechanischen Arbeitsverfahren aus und bewerten das Er-gebnis des Herstellungsprozesses.　学生能够利用工厂辅助资料填写制造、属性及成本等信息。能够关注环保、健康相关因素，并进行经济性预算。能够阅读结构图纸，并列出工作步骤。能够为机械加工开展、生产选择相应材料，并评价生产过程及结果。

Sie wenden typische englische Fachbegriffe an.　具有典型的专业英语水平。

Vorschriften des Arbeitsschutzes bei der Vorbereitung und Durchführung der Arbeit werden von ihnen beachtet.　能够注意工作准备和进展过程中的劳动保护。

Sie können die Arbeit im Team organisieren.　能够在团队中开展工作。

Inhalte:　内容

- Einzel- und Baugruppenzeichnungen, Stücklisten　零件及装配图，零件清单

- Maschinenelemente, Passungen und Toleranzen　机械元件，配合与公差

- Montagepläne, Verbindungselemente　组装图，连接件

- Technologische Grundlagen des manuellen und maschinellen Spanens und des Umformens　手工及机械加工与成型的技术基础

- Herstellen von mechanischen Verbindungen durch Kraftschluss, Formschluss, Material-schluss　通过压力、变形、材料连接等工艺制

造机械连接部件

- Betriebsspezifische Werk- und Hilfsstoffe　工厂特殊工具、辅具
- Montagewerkzeuge und Hilfsgeräte　装配工具和辅助设备
- Montagegerechte Lagerung, Sicherheitsaspekte, Arbeitsschutz　适合的存储装置、安全、劳保因素
- Prüf- und Messmittel, Messfehler　检查与测量工具，测量误差
- Ökologische und ökonomische Aspekte　经济性及生态因素

Lernfeld 3:　学习领域 3

Installieren elektrischer Betriebsmittel unter Beachtung sicherheitstechnischer Aspekte　在安全技术因素下安装电气设备

1. Ausbildungsjahr　第 1 学年

Zeitrichtwert: 100 Stunden　计划学时：100H

Zielformulierung:　教学目标

Die Schülerinnen und Schüler besitzen fundierte Kenntnisse über die Wirkung der elektri-schen Energie in überschaubaren technischen Prozessen. Sie kennen Grundschaltungen der Elektrotechnik, stellen diese dar und untersuchen ihre Wirkungsweise. Sie wenden ihre Kenntnisse für die Auswahl elektrischer Betriebsmittel an. Dazu führen sie Berechnungen aus und setzen Tabellen und Formeln für die Lösung der Aufgaben ein. 学生能够具备在工作过程中所涉及电能的基础知识，能够认识电工基本回路，能够指出并检查实际电路。会选用电工材料。能够通过计算并填写工作任务方案的相关表格。

Sie kennen die Gefahren, die sich durch den Einsatz der elektrischen Energie für Mensch und Technik ergeben, Sie beherrschen die Maßnahmen zum Schutz von Menschen und techni-schen Anlagen und wenden die Vorschriften an. Die erforderlichen Prüf- und Messgeräte wer-den von ihnen ausgewählt und eingesetzt.　了解电流对人体的伤害，并理解人体保护规范及技术设备的规

则和标识。能正确选用检查与测量设备。

Sie arbeiten Änderungen in die Arbeitsunterlagen ein. 能够在不同的工作场景下工作。

Sie entnehmen Informationen auch aus englischen Arbeitsunterlagen. 还要了解工作环境中的英语信息。

Inhalte: 内容

- Elektrische Größen, deren Zusammenhänge, Darstellungsmöglichkeiten und Berechnungen 普通的、生产中涉及电学物理量的计算

- Bauteile in Gleich- und Wechselstromkreisen 直流及交流电器件

- Elektrische Messverfahren 电气测量

- Auswahl von Kabeln und Leitungen für die Energie-und informationsübertragung 选用电能及信息传输的电缆与导线

- Elektrische Netze 电网

- Gefahren durch Überlastung, Kurzschluss und Überspannung, sowie die Berechnung der erforderlichenSchutzelemente 过载、短路和过压的危险，及保护器件的计算

- Handhabung von Tabellen und Formeln 表格数据的处理

- Stromwirkung auf den Organismus, Sicherheitsregeln, Hilfsmaßnahmen bei Unfällen 电气事故及故障发生时的组织、保护与急救规则

- Maßnahmen gegen gefährliche Körperströme nach geltenden Vorschriften 触电及人体危险电流的规则与标识

- Prüfen elektrischer Betriebsmittel 电气器件的检测

- Ursachen von Überspannungen und Störspannungen, deren Auswirkungen, Gegenmaß-nahmen 过压与欠压时的处理知识与规范

- Elektromagnetische Verträglichkeit 电磁效应

Lernfeld 4: 学习领域 4

Untersuchen der Energie- und Informa-tionsflüsse in elektrischen, pneumati-schen und hydraulischen Baugruppen　电气、气动/液压组件中的电能与信息流的检测

1. Ausbildungsjahr　第 1 学年

Zeitrichtwert: 60 Stunden　计划学时：60H

Zielformulierung:　教学目标

Die Schülerinnen und Schüler beherrschen steuerungstechnische Grund-schaltungen. Sie lesen Schaltpläne, fertigen Skizzen an und arbeiten Änderungen ein. Die technischen Parameter für den Betrieb von elektrischen, pneumatischen und hydraulischen Baugruppen sind ihren be-kannt. 学生应具备控制技术基础知识。能够识读电路图，控制步序图及工作状态表。具备电、气、液组件的技术参数知识。

Sie kennen Verfahren zur Erzeugung der benötigten Hilfsenergien. Sie wenden grundlegende Messverfahren sicher an und sind sich der Gefahren beim Umgang mit elektrischen, pneuma-tischen und hydraulischen Systemen bewusst. 知道辅助材料的方法。具有测量设备的基础知识与能力，并了解工作过程中接触电、气、液系统时所具有的危险。

Sie verstehen englische Produktbeschreibungen und wenden die vorkommenden englischen Fachausdrücke an. 理解英文产品说明并具备专业英语基础。

Vorschriften des Arbeits- und Umweltschutzes werden von ihnen beachtet. 关注工作及环境保护标识。

Inhalte: 内容

- Pneumatische und hydraulische Größen, deren Zusammenhänge, Darstellungsmöglichkeiten und Berechnungen　计算、设计、组装中的

气动及液压物理量

- Versorgungseinheiten der Elektrotechnik, Pneumatik und Hydraulik 电气、气动、液压系统元件

- Grundschaltungen der Steuerungstechnik 控制技术的基础回路

- Technische Unterlagen 技术资料

- Signale und Messwerte in Steuerungssystemen 控制系统中的信息与测量

- Gefahren beim Umgang mit elektrischen, pneumatischen und hydraulischen Leistungsbau-gruppen 电气液回路中的危险源

- Ökonomische Aspekte, Arbeits- und Umweltschutz, Recycling 生态因素，劳动与环境保护，回收再利用

Lernfeld 5: 学习领域 5

Kommunizieren mit Hilfe von Datenver-arbeitungssystemen 基于数据处理系统的通讯

1. Ausbildungsjahr 第 1 学年

Zeitrichtwert: 40 Stunden 计划学时：40H

Zielformulierung: 教学目标

Die Schülerinnen und Schüler beschreiben den Einsatz von Datenverarbeitungsanlagen und deren Einordnung in betriebliche Abläufe sowie die Strukturen vernetzter Systeme und die daraus resultierenden Sicherheitsanforderungen. 学生能够描述数据处理设备的应用及数据在企业生产过程的整理，及数据系统网络结构和数据结果安全要求。

Sie analysieren Arbeitsaufträge, beschaffen sich dazu betriebliche Informationen und können diese mittelsbranchenüblicher Software aufbereiten und dokumentieren. 能够分析工作任务，处理企业信息，并能够运用软件对各种材料进行处理与存档。

Sie können Lösungshilfen aus englischsprachigen Handbüchern entnehmen. 能够使用英文说明书制定解决方案。

Inhalte: 内容

- Betriebssysteme 操作系统
- Vernetzte Datenverarbeitungsanlagen 网络化的数据处理设备
- Datenschutz und Datensicherheit 数据保护与数据安全
- Aufbereitung von Informationen mittels Branchensoftware 各种信息处理软件的使用
- Steuerung betrieblicher Prozesse mit Hilfe der Datenverarbeitung 基于数据处理的生产过程控制
- Ergonomische Gesichtspunkte von Computerarbeitsplätzen 计算机的发展史

Lernfeld 6: 学习领域 6

Planen und Organisieren von Arbeitsabläufen　工作过程的计划与组织

2. Ausbildungsjahr　第 2 学年

Zeitrichtwert: 40 Stunden　计划学时：40H

Zielformulierung: 教学目标

Die Schülerinnen und Schüler beschreiben die betrieblichen Organisationsstrukturen und or-ganisieren die Teamarbeit nach funktionalen, fertigungstechnischen und ökonomischen Krite-rien. 学生能够描述企业组织机构，能够在了解功能、加工技术及经济压力的基础上组织团队工作。

Sie kennen die Anforderungen zur Herstellung der Betriebsbereitschaft aller für den Arbeits-ablauf notwendigen technischen Mittel und wenden Verfahren zur Qualitätskontrolle an. Die Möglichkeiten von Datenverarbeitung-ssystemen zur Planung des Ablaufes und zur Dokumen-tation aller notwendigen Steuerungs- und Organisationsschritte werden genutzt. 能够认识企业生产过程

中必需的技术、材料调研，及质量控制。了解生产计划的数据处理及运用必要的控制、质量数据进行归档。

Sie beachten bei der Arbeitsvorbereitung die Gesichtspunkte des Gesundheitsund Arbeits-schutzes. Englische Fachausdrücke werden angewandt. 关注人身健康与劳动保护的工作准备。具备专业英语能力。

Inhalte: 内容

- Materialdisposition und Kalkulation 材料使用与预算
- Analyse von Arbeitsabläufen 工作过程分析
- Bewertung u. Dokumentation von Ergebnissen 工作结果的评价与归档
- Ergonomie und vorbeugender Unfallschutz 人体工程学和事故预防保护
- Einfache Zeit- und Kostenkalkulation 简单的时间和费用计算
- Darstellungsverfahren von Arbeitsabläufen 工作过程的开展
- Qualitätsmanagement 质量管理

Lernfeld 7: 学习领域 7

Realisieren mechatronischer Teilsysteme 机电子系统的实现（生产与制造）

2. Ausbildungsjahr 第 2 学年

Zeitrichtwert: 100 Stunden 计划学时：100H

Zielformulierung: 教学目标

Die Schülerinnen und Schüler beschreiben die Strukturen mechatronischer Teilsysteme. Sie erklären die Wirkungsweise von Sensoren und Wandlern und justieren Sensoren. 学生能够描述机电子系统的结构。能够解释传感器和互感器的安装方式，并调整传感器。

Sie kennen Möglichkeiten zur Realisierung von Linear- und Rotationsbewegungen mittels elektrischer, pneumatischer und hydraulischer

Komponenten und wenden Kenntnisse über Steuerungen und Regelungen an, um Weg- und Bewegungsrichtung zu beeinflussen. 能够认识直线或回转移动机构的电气液压元件的可能性实施方案，并掌握控制及规则，以实现对行程和位置的控制。

Anhand von Signaluntersuchungen prüfen sie die Funktion von Komponenten und beseitigen Fehler. Sie entwerfen grundlegende Schaltungen und beschreiben deren Wirkungsweise auch in englischer Sprache. 根据对信号的检测，能检测元器件的功能并确认故障点。能安装基本回路，并能用英语描述实现方法。

Einfache Programmierverfahren werden beherrscht. 能够进行简单的编程。

Inhalte: 内容

- Steuerkette und Regelkreis, Blockschaltbilder 控制元件和控制回路，方框图

- Kenngrößen von Steuerungen und Regelungen 控制及原则的基本物理量

- Wirkungsweise von Sensoren und Wandlern 传感器和互感器的安装方法

- Signalverhalten von Sensoren und Wandlern 传感器和互感器的信号处理

- Programmierung von einfachen Bewegungsabläufen und Steuerungsfunktionen 简单移动过程和控制功能的编程

- Entwurf von Schaltungen 回路设计方案

- Grafische Darstellungen von Steuerungs- und Regelungsabläufen 绘制控制流程图

- Messen von Signalen 信号检测

- Grundschaltungen und Wirkungsweise von Antrieben　基本回路及实现方式的应用
- Darstellung von Antriebseinheiten in Funktionsplänen　功能计划中的单元制造

Lernfeld 8:　学习领域 8

Design und Erstellen mechatronischer Systeme　机电系统的设计与安装

2. Ausbildungsjahr　第 2 学年

Zeitrichtwert: 140 Stunden　计划学时：40H

Zielformulierung:　教学目标

Die Schülerinnen und Schüler beschreiben die Struktur und den Signalverlauf eines aus meh-reren Komponenten bestehenden mechatronischen Systems. Sie analysieren den Einfluss wechselnder Betriebsbedingungen auf den Prozessablauf.　学生能够描述由多个元器件组成的机电系统的结构和信号流程。能够分析变换的条件对控制过程的影响。

Sie erkennen Fehler durch Signaluntersuchungen an Schnittstellen und beseitigen die Fehler-ursachen.　能通过接口信号检测查找故障，并确定故障原因。

Sie nutzen Verfahren zur messtechnischen Erfassung von Steuerungs- und Regelungsabläu-fen, bereiten die Ergebnisse auf und dokumentieren sie.　利用控制过程中检测技术的分析结果，不断积累经验并整理归档。

Sie wenden Kenntnisse der Steuerungs- und Regelungstechnik an, um Geschwindigkeit bzw. Drehzahl von Bewegungen zu beeinflussen.　能根据控制与调整技术知识来影响（改变或调整）移动的速度或转数。

Sie sind befähigt, Antriebseinheiten anzuschließen, wählen Kopplungsvarianten zwischen Antriebseinheiten und Arbeitsmaschinen aus und setzen diese zielgerichtet ein.　允许屏蔽部分设备，并选择机电设备与工作

设备之间的不同关系方案，以便把它们有机地组织起来。

Ihnen sind Ursachen und Auswirkungen von Überlastungssituationen bekannt. Sie bestimmen die technischen Parameter erforderlicher Schutzein-richtungen und wählen diese aus. Schal-tungsänderungen werden in die technischen Unterlagen eingearbeitet.　能够了解过载的故障原因与现象。会确定并选择控制保护的技术参数。能够处理并修改专业设备的控制回路。

Gefahrenquellen sind ihnen bekannt. Vorschriften des Arbeits- und Gesundheitsschutzes wer-den von ihnen beachtet.　了解危险源。能关注到工作和健康保护的标识。

Sie können steuerungs- und regelungstechnische Zusammenhänge und die Funktionsweise ausgewählter Antriebseinheiten in englischer Sprache beschreiben.　能够用英文描述机电设备中控制与规范技术的状态与功能方式。

Programmierverfahren werden beherrscht.　掌握编程知识。

Inhalte:　内容

● Betriebskennwerte und Kennlinien von Antrieben　企业价值观和设备周期线

● Grenzwerte　设备工作极限值

● Funktionsweise, Auswahl und Einstellung von Schutzeinrichtungen　各种保护的作用方式，选用和安装

● Steuern und Regeln von Antrieben　设备的控制与调整

● Positionierungsvorgänge, Freiheitsgrade　工作位置，自由度

● Prüf- und Messverfahren zur Positionsbestimmung　定位的检查与测量

● Getriebe, Kupplungen　传动，离合器

● Einarbeiten von Änderungen in vorhandene Unterlagen　基于前期知识处理变化的方案

● Programmieren von Bewegungsabläufen und Steuerungsfunktionen　运动

过程控制功能的编程

- Computersimulation 计算机仿真
- Messwerterfassung an Schnittstellen 接口的检测

Lernfeld 9: 学习领域 9

Untersuchen des lnformationsflusses in komplexen mechatronischen Systemen 复杂机电系统中信息流的检查

3. Ausbildungsjahr 第 3 学年

Zeitrichtwert: 80 Stunden 计划学时：80H

Zielformulierung: 教学目标

Die Schülerinnen und Schüler können Schaltpläne lesen und anhand dieser die lnformati-onsstruktur in Systemen beschreiben. Sie stellen Verknüpfungen zwischen elektrischen, me-chanischen, pneumatischen und hydraulischen Komponenten dar. 学生能够识读电路图，并据此描述系统中的信息结构，能确定电、机、气、液各器件之间的连接点。

Sie beherrschen die messtechnischen Verfahren zur Untersuchung der lnformationsflüsse und sind in der Lage, Signale zu analysieren und daraus Rückschlüsse auf mögliche Fehlerquellen zu ziehen. Diagnoseverfahren unter Anwendung der Datenverarbeitung werden von ihnen genutzt. Sie arbeiten Änderungen in vorhandene Unterlagen ein. 能利用测量技术实施对信息流的检测，在设备中对信息进行分析，根据检测信号定位故障源。能够利用数据处理的方式实现设备诊断。能够处理在当前设备的变化情况。

Sie modifizieren Unterlagen auch in englischer Sprache. 使用英语来运用设备。

Inhalte: 内容

- Signalverläufe in Systemen 系统中的信号流程

- Signalstrukturen　信号结构
- Bussysteme　总线系统
- Prüf- und Messverfahren　检查与测量技术
- Untersuchung an Schnittstellen zwischen Systemkomponenten　系统部件之间接口的检查
- Vernetzung zwischen Teilsystemen　子系统间的联网
- Hierarchien in vernetzten Systemen　网络化系统的级别
- Dokumentation von Messergebnissen　检测知识总结存档

Lernfeld 10:　学习领域 10

Planen der Montage und Demontage　装配与拆卸的计划

3. Ausbildungsjahr　第 3 学年

Zeitrichtwert: 40 Stunden　计划学时：40H

Zielformulierung:　教学目标

Die Schülerinnen und Schüler beherrschen die Planung und Vorbereitung der Montage und Demontage mechatronischer Systeme. Sie erklären den Ablauf der Arbeitsprozesse und können Arbeitsergebnisse beurteilen.　学生应能够计划和准备装配与拆卸机电系统。能解释工作过程并对工作结果进行评价。

Sie beziehen bereits in der Vorbereitungsphase Aspekte des Gesundheits- und Arbeitsschutzes in ihre Überlegungen ein.　在准备阶段，能够思考健康和工作保护相关因素。

Sie überprüfen Montagebedingungen am Aufstellungsort und berücksichtigen sie. Sie planen den Einsatz der erforderlichen Hilfsmittel.　能够检查、确认岗位的装配条件。能够计划必须的工辅具的应用。

Sie organisieren die Arbeit im Team.　能够在团队中组织工作。

Sie verständigen sich in Englisch über Montageanleitungen.　能够理解装配设备的英语信息。

Inhalte: 内容

- Betriebliche Montageunterlagen　企业装配设备
- Bedingungen für das Arbeiten am Montageort unter Berücksichtigung der Vorschriften　装配岗位的工作条件，确认标识
- Ver- und Entsorgungseinrichtungen mechatronischer Systeme　机电系统的进和卸的处置措施
- Transportmittel, Hebezeuge und Montagehilfen　运输工具，举升机构和装配辅具
- Sicherheitsmaßnahmen und deren Prüfung　保护制度与检查
- Prüfungen während der Montage　装配过程中的检测
- Form- und Lagetoleranzen　形位与装配公差
- Justierarbeiten　调试
- Entsorgung und Recycling bei der Demontage　拆卸中的垃圾分类与回收

Lernfeld 11:　学习领域 11

Inbetriebnahme, Fehlersuche und Instandsetzung　设备运行，故障检测与状态确定

3. Ausbildungsjahr 第 3 学年

Zeitrichtwert: 160 Stunden　计划学时：160H

Zielformulierung:　教学目标

Die Schülerinnen und Schüler stellen die Gesamtfunktion und die Teilfunktionen eines Sys-tems einschließlich seiner Schutzeinrichtungen dar. Dazu entnehmen sie Informationen aus technischen Unterlagen. Sie erklären den Einfluss von Komponenten auf das Gesamtsystem und überprüfen anhand von Schnittstellenuntersuchungen deren Funktion. Die dafür erforder-lichen Messverfahren werden von ihnen beherrscht und zielgerichtet angewandt. 学生能够说明机电系统最终在防护中的整体和部分功能。能够通过技术设备提

取信息。能够解释整体系统中某个部件的作用与影响，并通过接口检查测试它的功能。会运用各种测量方法来实现目标。

Die Schülerinnen und Schüler erläutern die Verfahren zur Inbetriebnahme von mechatroni-schen Systemen und legen die Vorgehensweise für die Inbetriebnahme eines Gesamtsystems fest.

Sie nutzen die Möglichkeiten von Diagnosesystemen und interpretieren Funktions- und Feh-lerprotokolle. Die Wirksamkeit von Schutzmaßnahmen wird von ihnen überprüft. 学生能够在企业内部了解机电系统，并确定整体系统的企业内部操作方式。能够运用诊断系统的多种可能方案来说明功能和故障协议。能够检测保护系统的实现。

Sie justieren Sensoren und Aktoren, überprüfen Systemparameter und stellen sie ein. Ergeb-nisse werden in Unterlagen dokumentiert. Sie grenzen Fehler systematisch ein und beseitigen Störungen.　能够调整传感器和执行器，检测系统，并进行安装。总结并归档工作经验。能够界定系统故障并屏蔽干扰。

Sie können sich in englischer Sprache verständigen.　能够用英语整理以上信息。

Inhalte:　内容

- Blockschaltbilder, Wirkungs- und Funktionspläne von mechatronischen Systemen　方框图，机电系统的实施及功能图
- Überprüfung und Einstellung von Sensoren und Aktoren　传感器与执行器件的检测与安装
- Systemparameter　系统参数
- BUS Parametrierung　总线参数确定
- Softwareinstallation　软件安装
- Verfahren zur Fehlersuche in elektrischen, pneumatischen und hydraulischen Systemen　电气液压系统的故障查找

- Störungsanalyse 干扰分析
- Strategie der Fehlersuche, typische Fehlerursachen 故障查找，典型故障原因分析
- Elektrische und mechanische Schutzmaßnahmen, Schutzvorschriften 电气和机械保护措施，保护标识
- Elektromagnetische Verträglichkeit 电磁效应
- Prozessvisualisierung, Diagnosesysteme, Ferndiagnose 过程虚拟，诊断系统，监控调试
- Inbetriebnahmeprotokoll, Fehlerdokumentation, Instandsetzung-sprotokoll 企业内部协议，故障档案，状态协议
- Qualitätssicherungsverfahren 质量保障
- Behebung von Programmfehlern 程序错误的处理
- Berücksichtigung von Kundenanforderungen 顾客要求与信息确认
- Einflüsse von mechatronischen Systemen auf ökonomische, ökologische und soziale Be-dingungen 机电系统对生态及社会条件的影响

Lernfeld 12: 学习领域 12

Vorbeugende Instandhaltung 预防性维护

4. Ausbildungsjahr 第 4 学年

Zeitrichtwert: 80 Stunden 计划学时：80H

Zielformulierung: 教学目标

Die Schülerinnen und Schüler beschreiben Einflüsse auf die Betriebssicherheit technischer Systeme und die Notwendigkeit vorbeugender Instandhaltung. Sie nutzen Wartungspläne und wenden Verfahren zur Feststellung des Wartungsbedarfs an. 学生应能够描述技术系统对用户安全的影响，及必要的预防性维护。能够使用维护计划和确定保养条件。

Sie können Sicherheitseinrichtungen prüfen, einstellen und justieren. 能够

检查安全状态，进行安装与调试。

Vorschriften des Gesundheits- und Arbeitsschutzes finden dabei Beachtung.
附加健康与工作保护标识。

Sie erstellen Fehleranalysen und bereiten die Ergebnisse statistisch auf.
能够开展故障分析与结果统计。

Resultate von Wartungsarbeiten werden in die Unterlagen eingearbeitet.
能够处理设备的维护结果。

Die Ergebnisse werden auch in englischer Sprache aufbereitet.　能够用英文总结整理工作结果

Inhalte:　内容

- Verschmutzung, Ermüdung, Verbrauch, Verschleiß und deren Auswirkung
  去污，损耗，消耗量，磨损即产生影响
- Systemzuverlässigkeit　系统的可靠性
- Erstellung und Anpassung von Wartungsplänen　维护制度的制定与附送
- Inspektionen　检查
- Verfahren zur Überprüfung von Sicherheitseinrichtungen　安全状态的检查与确认
- Anpassung von Systemkomponenten an veränderte Anforderungen　系统部件对变化的要求的适应
- Diagnoseverfahren und Wartungssysteme　诊断说明及维护系统
- Qualitätsmanagement　质量管理
- Dokumentation　归档
- Einarbeiten von Änderungen in technische Unterlagen　技术条件下的处理与修改

Lernfeld 13: 学习领域 13

Übergabe von mechatronischen Systemen an Kunden 交付机电系统给顾客

4. Ausbildungsjahr 第 4 学年

Zeitrichtwert: 60 Stunden 计划学时：60H

Zielformulierung: 教学目标

Die Schülerinnen und Schüler bereiten Informationen über mechatronische Systeme textlich und grafisch auf und präsentieren sie. 学生能够准备机电系统的文本、图形信息资料并向顾客讲解。

Sie planen die Einweisung von Betriebs- und Bedienungspersonal in die Anlage und führen diese durch. 能够计划企业与用户之间交付设备，并实施。

Sie tauschen Informationen in englischer Sprache aus. 能够把信息转换成英语。

Sie berücksichtigen die Grundsätze der Gestaltung der Kundenbeziehungen und die Marke-tingstrategien ihres Betriebes. 能够确认公司的顾客关系与市场的基本状态。

Inhalte: 内容

- Nutzung innerbetrieblicher Kommunikationssysteme 使用公司内部沟通系统
- Teamarbeit 团队工作
- Kommunikation 沟通交流
- Moderation, Präsentation 主持，讲解
- Kunden-/Lieferantenbeziehung 顾客与物流的关系
- Bedienungsanleitungen, Betriebsanleitungen 使用说明，说明书

第二部分　AHK 培训认证：AHK 培训课程标准

课程标准

课程名称：　　AHK 考试 1

课程类型：　　必修课

课程性质：　　B（理实一体化课程）

参考学时：　　120 学时（5W）

适用对象：　　博世班

学　　分：　　7.5

制定人：　

审 核 人：　

批准人：　

教　务　处　编　制

一、课程基本信息

适用专业：博世班

学 时 数：120 学时（5W）

学　　分：7.5

先修课程：电气安装规划与实施、电气安装基础与应用、维修电工综合实训

后续课程：机电一体化系统的设计和建立、电气设备的安装、调试与维护、毕业设计

开课单位：电气工程系

制定人：　刘峥

审核人：　李德尧

批准人：　李立夫

制订时间：2012 年 6 月

二、课程性质

本课程属于必修课，是博世学徒制培养中一个重要的实践环节，是 AHK 考证的重要组成部分。在博世学徒制的培养过程起着举足轻重的作用，为了机电设备的安装、调试及维修奠定了理论基础和技能准备，也为后续的机电一体化设备的安装、调试与维护，机电一体化系统的设计和建立奠定了坚实的实践基础。

三、课程教学目标

1. 能力目标

（1）对中期考试项目图纸能够熟练地识读和分析；

（2）具备对 LOGO 控制系统进行接线及简单编程能力；

（3）能够独立加工和装配中期考试项目中的机械部分；

（4）能够独立布置、连接中期考试项目中的气动部分；

（5）能够按照标准独立布置、连接中期考试项目中的电气部分；

（6）能够对项目所涉及各部分进行合理布局；

（7）能够在规定时间内完成系统调试；

（8）具备良好的专业知识以及语言表达能力。

2．知识目标

（1）掌握中期考试项目的基本组成和工作原理；

（2）学会并熟练运用 LOGO 编程软件进行程序设计、调试和监控；

（3）掌握常用机床的使用；

（4）掌握电气接线的基本规则；

（5）掌握简单气动控制系统的设计。

3．其他目标

（1）培养热爱科学、实事求是的严谨学风；

（2）具备辩证思维和一定的创新能力；

（3）具备敬业精神、团结协作的意识。

四、课程设置与设计思路

本课程是依据博世学徒制 AHK 考证而设置的课程之一。其总体设计的思路是打破知识传授为主要特征的传统学科课程模式，转变为以工作任务为中心组织课程教学。并让学生在完成具体项目的过程中完成相应的工作任务，并构建相关理论知识和发展职业素质能力。课程内容突出学生职业能力的训练，并能够融合相关职业资格证书对知识、技能、态度的要求。

五、教学内容与学时分配

（根据专业课程目标和涵盖的工作任务或职业能力要求，确定课程内容。课程标准的教学内容安排与课程总体设计不同，不必细致到具体项目的设计，应反映围绕教学目标的主要学习模块和每个模块的教学单元，以及分别的能力目标和知识目标。不同教师根据课程标准可以设计不同的实施项目，但通过项目实施最终达到的能力和知识目标应该是一致的。）

序号	学习内容		能力要求	知识要求	学时安排	
	学习模块	教学单元				
1	机械加工部分	机械加工	根据图纸要求选择加工设备完成备料阶段的加工工作	加工工艺知识	2周	
2	理论知识及系统搭建部分	理论讲解及系统搭建	完成备料阶段的准备工作	电工电子、电气安装、液压气动控制	2周	
3	装配调试及验收阶段	考核	根据要求完成剩余机械加工、系统装配、调试	理论考试	1周	
机动						
合计					5周	

六、课程教学实施

本课程重点培养学生解决实际问题的能力、所学知识掌握程度等问题。培养学生对机械加工以及电工电子、电气安装、系统调试等方面的职业素养和技能。强调学生的动手能力和团队合作精神，重视学生在校学习和实际工作的一致性，采取任务驱动、项目为导向的教学模式。

七、教材选用与编写建议

因无合适教材，建议以任课教师讲义为主。

八、教学资源开发与利用

开发教学案例库

九、教师能力要求

熟知电气自动化技术所涉及知识，有一定的工作经验，尤其是 LOGO 控制，电气安装技术，并对机械加工有一定了解。

十、考核方式与标准

总成绩（100 分）=AVERAGE（电子技术（100 分）+机械部分（100 分）+控制技术（100 分）+功能检测（100 分）+运行与测量技术（100 分）+理论部分（100 分）+考试期间对话（100 分）+日常表现（100 分（出勤、回答问题））

十一、教学参考资料

参考书目：

中期考试相关资料

电气安装技术手册，胡明忠译，中国建筑工业出版社

简明机械手册，（德）乌尔里希菲舍尔，湖南科学技术出版社

推荐相关网站：

院级教改课程网站

中华工控网：http://www.gkong.com

十二、其他说明

场地安排：西门子实训室、机加工中心

教师安排：实践教师+理论教师

第三部分　AHK 培训认证：AHK 职业培训考试规则

本考试规则适用于各类考试的实施。

参考关于获得职业与劳动教育学技巧、知识以及能力之证明的法规。

目录

第一章　考试委员会

　第一节　成立

　第二节　组成和任命

　第三节　回避制度

　第四节　主席，决议权，决定

　第五节　运行

　第六节　保密

第二章　考试的前期准备

　第七节　考试日期

　第八节　准考

　第九节　免除相近的考试科目

　第十节　有关准考和免考申请的决定

　第十一节　考试费

第三章　考试实施

　第十二节　考试对象，考试语言

　第十三节　考试的划分

　第十四节　试卷

　第十五节　残疾人照顾措施

　第十六节　不对外公开

第一章　考试委员会

第一节　成立

德国商会（AHK）设立各个考试委员会，目的在于开展职业进修培训领域的各项考试。

第二节　组成和任命

（1）考试委员会由至少 3 名委员组成。考试委员会委员独立阅卷判分，不受任何指令约束。这些委员必须精通考试的专业知识并适合参与考试事务。

（2）考试委员会委员由德国商会（AHK）任命，任期统一，最长不超过 5 年。

（3）倘若考试委员会委员在德国商会（AHK）规定的期限内未被提名或提名人数不足，则由德国商会（AHK）酌情任命。

（4）如有重要原因，可以召开参与其任命各方的听证会解聘考试委员会委员。

（5）考试委员会委员有代表。条目 1 到 4 对他们同样适用。

（6）考试委员会委员的工作是名誉性的。所涉现金花费和时间损失，当无法由他方给付补偿金时，应予以适当补偿，具体金额由德国商会（AHK）确定。

（7）在被任命的考试委员会委员没有达到规定的人数的情况下，条目 2 和条目 6 不适用。

第三节　回避制度

（1）申请考试者的亲属必须回避准考和考试事务。

（2）如果一名考试委员会委员认为根据条目 1 自己应该回避或者对条目 1 的前提条件是否具备存在疑问，必须向德国商会（AHK）通报，在考试期间向考试委员会通报。是否回避由德国商会（AHK）决定，在考试期间由考试委员会决定。在后一种情况下该考试委员会委员必须回避。回避者在商讨和决议时不得出席。

（3）如果存在一个适当的理由对履行考试职责的公平表示不信任，或考生声称掌握类似的理由，则所涉人员应告知德国商会（AHK），在考试期间告知考试委员会。条目 2 的第二句到第四句适用。

（4）如果考试委员会的人数在条目 1 至条目 3 的情况下无法满足规定，德国商会（AHK）可以将考试的运行交给另一个考试委员会或一个联合考试委员会。当出于其他原因不能保证考试客观公正地进行，同样适用本条目。

第四节　主席，决议权，决定

（1）考试委员会选举一名委员为主席，选举另一名委员为副主席．

（2）当三分之二的委员（至少 3 名）共同参与的时候，考试委员会拥有决议权。以多数票通过决议。票数相等时由主席决定。

第五节　运行

（1）考试委员会的运行由德国商会（AHK）和考试委员会协商确定。发邀请（前期准备，实行，后期工作）、记录和决议的执行须经由考试委员会主席同意予以安排。

（2）应及时邀请正式委员们出席考试委员会的会议，他们的代表以适当方式通知。如果一名委员不能参加会议，应立即告知德国商会（AHK）。对残疾人委员应邀请一名同属于其组的代表委员参加。

（3）会议记录必须由会议记录者和主席签字。

第六节　保密

在不影响现有的信息通报义务，尤其是面对职业教育委员会的情况下，考试委员会的委员和其他与考试有关的人员面对第三方必须对考试的全过程保密。

第二章　考试的准备

第七节　考试日期

（1）德国商会（AHK）根据需要确定考试日期。尽可能与所涉及的培训机构商定考试日期。

（2）德国商会（AHK）至少在报名期限结束前一个月通过适当的方式公布考试日期和报名期限。如果过了报名期限，德国商会（AHK）可以拒绝接受申请。

（3）如果在几个考试地区使用统一的笔试题，这些地区的考试日期必须统一。

第八节　准考

（1）在考生进入考场之前必须出示培训记录证明。培训记录证明必须由考官签字。

（2）准考申请通常应按照德国商会（AHK）规定的期限和表格书面递交。准考申请必须附在培训记录证明后面。

（3）申请人信息（姓名　出生日期　身份证号）。

第九节　相近考试科目的免考

（1）考试科目中有考生已考过的类似科目，考生可以向德国商会（AHK）申请免考。

（2）免考申请应与准考申请共同以书面的形式提交给德国商会（AHK）。

第十节　有关准考和免考申请的决定

（1）准考和考试科目的免考由德国商会（AHK）决定。

（2）关于是否准考、是否批准科目免考，应及时通知考试申请人。

（3）在公布考试结果之前如果发现申请文件或信息系伪造，德国商会（AHK）可收回准考和免考。

第十一节　考试费

考试费（例如为试卷支付的费用）交给德国商会（AHK）。收费高低根据德国商会（AHK）定的收费条例确定。

第三章　考试实施

第十二节　考试对象，考试语言

（1）德国商会（AHK）规定进修培训毕业的专业名称、目标、内容和考试要求，准考条件以及考试方法。

（2）如果德国商会（AHK）没有事先规定其他语言，考试语言是中文。

第十三节　考试的划分

考试的划分由德国商会（AHK）决定。

第十四节　试卷

（1）德国商会（AHK）与职业教育委员会（BBA）协商决定采用什么试卷。

（2）跨地区或由德国商会（AHK）的出题委员会制定或选中的试卷由考试委员会负责接管。

第十五节　残疾人照顾

考试应考虑残疾人的特殊情况。尤其适用于考试时间，许可辅助工具和第三方帮助的需求（例如为听觉障碍者设立手语翻译）。残疾情况须向主管部门证明。

第十六节　保密

考试是不公开的。德国商会（AHK）的代表以及德国商会（AHK）职业教育委员会的委员可能到场。其他人只能在考试委员会和德国商会

（AHK）达成一致的情况下作为客人进场。商讨考试结果仅允许考试委员会委员参加。

第十七节　领导、监考、记录

（1）考试受主席领导由全体考试委员会负责。

（2）德国商会（AHK）经与考试委员会达成一致意见规范监考，保证考试由考生独立完成和只有获得许可的考试工具和辅助工具用于考试。

（3）发现外界干扰，考生必须向监考或主席明确投诉。如干扰严重，由考试委员会决定是否在一定的方式和范围内采取补救措施。如果干扰发生在笔试，由监考决定是否延时。

（4）考试程必须做记录。考试结束后，需要提供一份考试过程的记录报告。

第十八节　身份证明义务和考前教导

应主席或者监考人要求，考生应出示身份证明。考生应在考前接受考试须知的教导，内容包括考试流程、考试时间、考试时允许携带的考试工具和辅助工具、作弊的后果、违反考场规则的后果、中途退考以及缺考的后果。

第十九节　作弊和违规

（1）考生在考试中作弊或者使用未经允许的辅助工具，或者协助他人作弊或尝试作弊的，均视为作弊行为。

（2）如果在考试期间有人举报考生作弊或者有作弊嫌疑的，监考人会对事实进行取证并记录。考生在考试委员会关于考试作弊行为作出决定前继续考试。

（3）一旦证明了作弊行为，在与主管部门协商的基础上，作弊科目会被评定为"不及格"（＝0 分）。在重大的情况下，特别是在有准备的作弊下，考试委员会可以判定该考试科目为不及格，或者考试的所有科目均为不及格。

（4）如果考生由于自身行为而阻碍了整个考试的正常进行，将被取消考试资格。此事由监考决定。考试委员会随即就考生行为作出最终决定。条目 3 适用。"违反安全规章"同样适用本条目。

（5）考试委员会在按照条目 3 和条目 4 采取决定前，会听取考生的意见。

第二十节　退出考试，缺考

（1）考生可以在报名之后、考试之前（在笔试考试时，则在笔试考试任务公布之前）通过书面声明告知不能参加考试的原因。在此情况下视为未考。

（2）如果考生耽误了考试日期，但有一个重要的理由解释缺考的原因，在此情况下已取得的独立考试成绩将得到承认。独立的考试成绩是指主题可明确界定、牵涉不到其他考试成绩并且是独立评分的考试成绩。

（3）如果考生在考试开始之后退出考试或不参加考试，并且没有重要的理由加以陈述的，该考试将评为"不及格"（＝0 分）。

（4）重要的理由要及时通知并且加以证明，如果生病，要求出示医生开出的生病证明。

第四章　考试结果的评分，确定与记录

第二十一节　评分要点

考试成绩评分方法如下：

成绩特别符合要求＝92～100 分＝ Note 1＝ 很好

成绩充分达到要求 = 81～92 分（不含 92）= Note 2 =好

成绩总体达到要求 = 67～81 分（不含 81）= Note 3= 满意

成绩虽有不足，但基本达到要求 = 50～67 分（不含 67）=Note 4 =及格

成绩达不到要求，但尚能看出具备一些基础知识 =30～50 分（不含 50）= 差

成绩达不到要求，并且基础知识也不具备 = 0～30 分（不含 30）=不及格

所有考试的评分、中期考试和毕业考试结果计分均按百分制实施。

第二十二节　评分方法，考试结果确定

（1）每一门考试成绩由考试委员会一名委员独立评分。关于各项考试成绩评分、整个考试以及及格与不及格的决定由考试委员会作出。考试委员会委员的单项评分是集体确定考试结果的基础。

（2）确定考试结果时不予考虑免考的考试成绩（第九节）。

（3）为了准备根据条目 1 作出决定，主席可以委托考试委员会至少两名委员对单项考试成绩（非口头考试）进行评分。受委托的委员要记录评分的主要过程和评分的重要事实依据。根据条目 1，委员会的其他委员在作决定时不受委托委员个人评分制约。

第二十三节　结果记录，通知是否通过考试

（1）确定的各科考试结果会填入德国商会（AHK）的表格。表格由考试委员会委员签字，并及时提交给德国商会（AHK）。

（2）当所有考试科目成绩为及格以上时，考试通过。

（3）考试的总成绩应尽快通知考生。

第二十四节　考试证书

（1）考试证书由德国商会（AHK）颁发给考生。

（2）考试证书包括：

- "证书"名称
- 考生的个人信息（姓名，出生日期）
- 考试的名称和日期
- 按照相关培训考试规则的考试结果以及免考科目
- 通过考试的日期
- 考试委员会主席和受主管部门委托的委托人的签名章（摹本）或者签名，德国商会（AHK）盖章

第二十五节　没有通过考试的通知

（1）对于没有通过的考试，考生会从德国商会（AHK）收到书面的通知。通知上会说明，哪些考试在补考中是不用再考的（第二十六节　条目 2 到 3）。务必使用德国商会（AHK）规定的表格。

（2）参见第二十六节所述的补考特殊条件。

第五章　补考

第二十六节　补考

（1）一门没有通过的考试通常允许补考两次。同样，如果一个考试科目不通过就不能进行下一门科目的考试，那么这一科目也可以补考两次。在补考中获得的成绩有效。唯有德国商会（AHK）可决定例外情况。

（2）如果考生未通过的考试中有一门独立科目的成绩（第二十节第 2 条第二句）是及格以上，而考生在两年内（自未通过考试的考试结果公布日起）申请补考，则考生可申请该科目不补考。独立考试成绩评分（第二十节

第2条第二句）纳入补考计分。

（3）补考最早在下一个考试日（第七节）前进行。

（4）例外情况由德国商会（AHK）决定。

第六章　最后决议

第二十七节　考试资料

考试资料也可以以电子版形式保存。

第二十八节　生效，批准

本考试规则由职业教育委员会决定后当日生效。

附件三 联合开发专业国际标准

湖南工业职业技术学院校本教材

国际电气标准

湖南工业职业技术学院电气工程系

博世汽车部件（长沙）有限公司 合编

西门子（中国）有限公司

目录

1 基本图例和术语

安全颜色、禁止标志*			
安全颜色			cf. DIN 4844-1（2002-11）及 BGV A8¹⁾（2002-04）
颜色	红	黄	绿　　　　　蓝
意义	停止，禁止	警告！潜在危险品	安全急救	指令标志，注意
衬底色	白	黑	白	白
图形符号颜色	黑	黑	白	白
应用举例（见340及341页）	停止标志，紧急停止禁止标志，消防装置	注意危险（如：火、爆炸、辐射）；注意障碍（如：高速撞击、孔）	救护车标志及紧急出口；急救和紧急救助站	需要穿戴个人防护装备（PPE）；电话位置
禁止标志			cf. DIN 4844-2（2002-02）及 BGV A8¹⁾（2002-04）

禁止	禁止吸烟	禁止烟火	禁止通行	禁止用水灭火	禁止饮用
禁止入内	叉车禁入	禁止触摸	禁止触摸危险电压	禁止连接	带心搏器者禁入
禁止堆放	禁止乘人	禁止行走	禁止喷水	禁用手机	禁止食物或饮料
禁止磁或电媒质	禁止攀爬	禁止盆浴或淋浴	禁止伸手	禁止长发操作	禁止手工磨

1）德国使用者责任保险协会—事故预防法规 BGV A8（代换 VGB 125）
*）根据欧洲标准

警告标志*					
警告标志		cf. DIN 4844 - 2(2001 - 11)及 BGV A8[1](2002 - 04)			
注意安全	当心火灾易燃物质	当心爆炸爆炸性物质	当心中毒	当心腐蚀	当心电离辐射
当心吊物	当心叉车	当心触电	当心光辐射	当心激光	当心氧化物
当心非离子辐射	当心强磁场	当心摔倒	当心坠落	当心生物危险	当心极冷
当心有害健康	当心气瓶	当心电池	当心易爆空气	当心花键铣刀	当心挤压
当心滚动倾斜	当心自动运转	当心热表面	当心手受伤	当心滑倒	当心履带运动

1) 德国使用者责任保险协会——事故预防法规 BGV A8(代换 VGB 125)
*) 根据欧洲标准

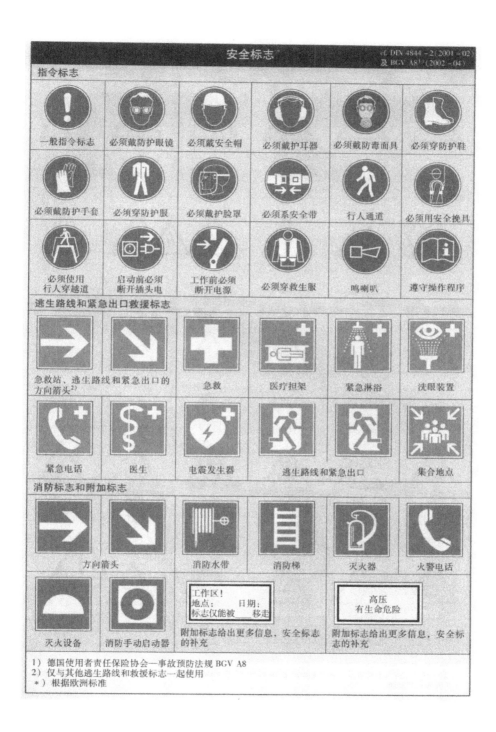

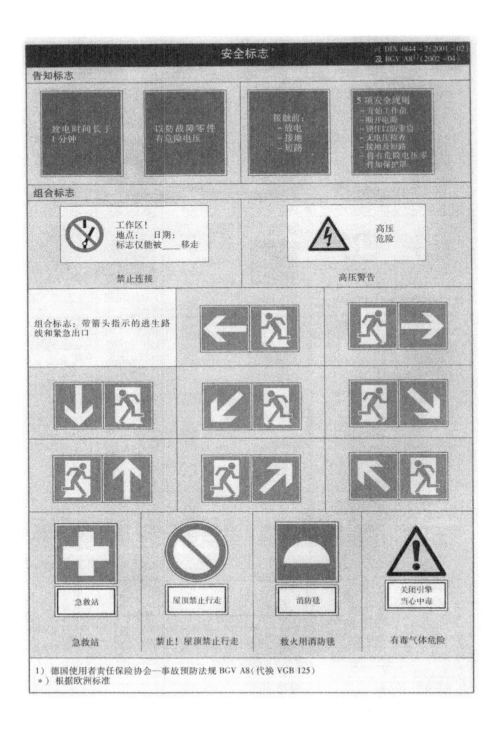

危险品符号*					RL 67/548/EWG (2004-04) [1]
代码、危险品符号和危险性描述	危险程度	代码、危险品符号和危险性描述	危险程度	代码、危险品符号和危险性描述	危险程度
T+ 剧毒物品	很少量服用将导致死亡或对健康造成急、慢性损伤 T = 有毒	Xi 刺激性物品	接触皮肤或黏膜可引起炎症 X = X 形十字 i = 刺激	F 易燃	遇火可燃的固体材料。液体材料燃点 < 21℃ F = 易燃
T 有毒物品	少量服用将导致死亡或对健康造成急、慢性损伤 T = 有毒	E 爆炸性物品	遇冲击、摩擦、火或其他引爆物引起爆炸的危险 E = 爆炸	N 环境危险物品	可改变水、土壤、空气、气候、动物、植物的物质，在这种情况下对环境有危害 N = 有害（危害）
Xn 有害物品	服用可导致死亡或对健康造成急、慢性损伤 X = X 形十字 n = 有害	O 氧化性物品	由于产生氧，有火灾隐患的物质 O = 氧化性	T, R45 等级 有毒物品	通过吸入、吞食、接触皮肤而可能致癌的物质 R45：可能致癌 T = 有毒
C 腐蚀性物品	组织器官由于接触而损伤 C = 腐蚀	F+ 极易燃物品	燃点 < 0℃、沸点 < 35℃ 的液体物质；遇空气可燃烧的气体 F = 易燃	T, R46 等级 有毒物品	可对人体产生突变的物质 R46：可引起遗传基因损伤 T = 有毒
Xn, R40 等级 有害物品	可能使人体产生突变而需引起注意的物质。但没有足够的信息给出令人信服的证明 X = X 形十字 n = 有害 R40 = 不可逆损害的可能（第199页）	T, R60、R61 等级 有毒物品	对生育能力有损害的物质 T = 有毒 R60 = 损害生育能力 R61 = 对胎儿有损伤	Xn, R62、R63 等级 有害物品	可能对人的生育能力有损害而需引起注意的物质 X = X 形十字 n = 有害 R62 = 可能削弱生育能力 R63 = 可能损伤胎儿

1）欧盟法规，附录 II　　　*）根据欧洲标准

后　记

在装备制造业"走出去"的大背景下，职业教育如何主动服务国家、服务产业、服务区域经济"走出去"人才发展趋势和个性特点，是一个十分重要与迫切的课题。本研究团队通过开展系统化的研究活动，完成了服务装备制造业"走出去"的人才培养产教协同理论构建与实践运用。

本研究成果是在湖南省教育规划课题（XJB015BJD020）"面向先进装备制造业的'卓越工艺师'人才培养研究与实践"等 8 项省级课题的研究成果上凝结而成，成果研究和实践过程包括四个阶段：第一阶段（2011 年 1 月～2011 年 6 月），研究团队开展了综合调研；第二阶段（2011 年 6 月～2013 年 9 月），对服务装备制造业校企协同"走出去"职业教育人才培养方法进行了创新与实践；第三阶段（2013 年 9 月～2014 年 1 月），总结提升，形成系统化的理论和实践成果；第四阶段（2014 年 1 月至今），成果进行了卓有成效的推广应用。为进一步总结与提升成果水平，两年前开始孕育撰写专著。本专著的最终诞生，凝结了笔者和研究团队的汗水和心血。

本研究主要由湖南省机械工程学会副理事长、湖南工业职业技术学院副校长董建国教授全面策划主持完成。参与人员包括邱丽芳、周承华、伍俊晖、李强、胡蓉、李德尧、龙凌、宁朝阳、申奇志、龙华、莫敏、马跃龙、黎永祥、何倩、汤礼莎、黄术芳、李晓虹等。专著整体框架由董建国教授确定；第一章由伍俊晖、汤礼莎、莫敏完成；第二章由龙凌、黎永祥完成；第三章由李强、宁朝阳、胡蓉、龙华完成；第四章由周承华、马跃龙完成；申奇志、李德尧分别完成第五章案例一、案例二的撰写；龙凌完成了专著的编辑整理工作；湖南工业职业技术学院副校长邱丽芳教授提出了建设性指导意见；何倩、黄术芳、李晓虹在资料收集与企业调研方面付出了辛勤劳动。本专著最后由董建国教授审定定稿。本研究引用了众多学者成果，在此表示感谢。同时，感谢中国水利水电出版社宋俊娥老师为此书出版付出的辛勤劳动。

董建国

2018 年 3 月